Encontrarás los recursos digitales y el formato digital del libro en

ecasals.net/religion1eso

1

ESO

J. Aranguren (coord.)
L. Fabregat

NUEVA EVANGELIZACIÓN

Casals

ÍNDICE

Unidades	Voy a las fuentes CA CL	Contenidos CL CA CS CC	Fe y vida CL CS CC	Fe y cultura CL CS CC	Mejora tus competencias CA CL
Bloque 4. Permanencia de Jesucristo en la historia: la Iglesia					
7 **Jesús está presente en la Iglesia (I)** p. 80	La Iglesia hace presente a Cristo CC	**Interpretamos** La liturgia: un encuentro de Dios con los hombres Los sacramentos de la Iglesia Los siete Sacramentos El sacramento del Bautismo El sacramento de la Confirmación La celebración de la Confirmación **Síntesis** **Si me preguntan, qué respondo** **Actividades**	San Pedro Claver, apóstol de los esclavos CI	Celebrar Halloween y amar la vida CI	Investigación sobre la vida heroica de san Pedro Claver. Comprensión de un texto del CEC sobre la pasión de Cristo y su relación con los Sacramentos.
8 **Jesús está presente en la Iglesia (II)** p. 92	La institución de la Eucaristía CS	**Interpretamos** El tesoro de la Iglesia La Eucaristía como sacrificio La Eucaristía como sacramento La celebración de la Eucaristía El culto eucarístico El día del Señor **Síntesis** **Si me preguntan, qué respondo** **Actividades**	Santa Juliana de Lieja	La Eucaristía y el arte	Resumen de un texto y debate sobre la vocación de santa Juliana de Lieja. Búsqueda y análisis del *Adoro te devote.* CC Búsqueda de una obra de arte relacionada con la Eucaristía y exposición oral sobre ella. CD
Anexo 1 p. 105	**¿Cómo se cita la Biblia?**				
Anexo 2 p. 109	**Abreviaturas**				
Anexo 3 p. 113	**Vocabulario**				

COMPETENCIAS

- CL Comunicación lingüística
- CM Competencia matemática y competencias básicas en ciencia y tecnología
- CI Sentido de iniciativa y espíritu emprendedor
- CD Competencia digital
- CA Aprender a aprender
- CS Competencias sociales y cívicas
- CC Conciencia y expresiones culturales

ACTIVIDADES

- Avanzada
- Reto

1 Dios, Creador

interpretamos

1. ¿La existencia del mundo es casualidad, misterio o creación?
2. ¿Hay alguien capaz de crear algo de la nada?
3. ¿Puede la ciencia responder a todas las preguntas que se hace el ser humano?

Gén 1, 1-31

La Creación

1. La naturaleza nos habla de Dios

info

La razón reclama a Dios

Así lo enseñó también el Premio Nobel de Física, ***Arthur Holly Compton*** *(1892-1962), uno de los fundadores de la mecánica cuántica. «Para mí —afirmaba—, la fe comienza con la comprensión de que una inteligencia suprema dio el ser al universo y creó al hombre. Yo no encuentro difícil tener esta fe, porque un universo ordenado da testimonio de la más grande declaración jamás hecha: "En el principio Dios creó"».*

Desde siempre, al contemplar la belleza, la grandeza y la perfección de la naturaleza, el ser humano ha intuido la existencia de una realidad —«algo» o «alguien»— que está más allá de la dimensión material y que sería la causa o el origen de toda esa maravilla que contemplan y admiran sus ojos.

A esto se refiere san Pablo cuando escribe en una de sus cartas: *Pues lo invisible de Dios, su eterno poder y su divinidad, son perceptibles para la inteligencia a partir de la creación del mundo a través de sus obras* (Rom 1, 20). A ese mostrarse para la inteligencia, a ese «hacerse visible» Dios, a través de sus obras, lo llamamos **revelación natural.**

Por eso podemos afirmar que somos capaces de conocer con certeza la existencia de Dios mediante la razón. Es como una **luz en la inteligencia** o una **voz en el corazón,** que lleva al ser humano a darse cuenta de que en todo lo que existe hay algo más que la pura materialidad de lo que se ve.

Y al buscar ese «algo más», el hombre descubre y experimenta en su interior una realidad misteriosa, difícil de definir, pero que sabe que existe; su vida tiene en ella su origen y depende de ella. Esta realidad divina, que está por encima de todo, que es *absoluta*, ha sido interpretada y expresada de manera diversa en cada cultura o civilización.

No es un conocimiento completo, pero es real; no es un conocimiento perfecto, pero es verdadero. Esta **manifestación de Dios en la Creación** es **universal** en el sentido de que la pueden alcanzar todas las personas. Es como el primer paso de la revelación divina, la base para comprender después la Revelación sobrenatural.

Dios «quería compartir su alegría infinita con nosotros, que somos criaturas de su amor» (Youcat, n.º 2).

actividades

1. **Indica cuál de las siguientes frases define mejor el concepto de revelación natural.**
   a Conjunto de milagros realizados por Jesús durante su vida pública. **b** Las enseñanzas de la Iglesia católica. **c** Dios se hace presente a la inteligencia de los hombres a través de sus obras. **d** La forma que la religión adquiere en una determinada civilización.

2. **CA Realizad una lista de cinco cosas que demuestran, en vuestra opinión, el orden y la belleza de la naturaleza. Razonad vuestra respuesta.**

3. **Corrige la siguiente frase.**
   El conocimiento de Dios que proporciona la revelación natural es perfecto, verdadero, completo e irreal.

2. Los relatos míticos

Gran parte de las primeras explicaciones que conservamos acerca de la respuesta del hombre a la pregunta sobre el origen del mundo están formuladas en forma de **mito***. Las mitologías de las primeras civilizaciones presentan la idea de un caos primitivo, originario y eterno.

Así, en el poema cosmológico *Enûma Elish*, compuesto en Mesopotamia hacia el siglo XX a. C., el inicio del universo se representa como una gran masa informe de agua a partir de la cual surgen el cielo, la Tierra y todos los seres vivos. En el antiguo Egipto, el gran abismo acuoso se denominó Nun. También los dioses procedían de su seno.

La mitología de la antigua Grecia —plasmada en las obras de Homero y de Hesíodo (siglo XIII a. C.)— explica la génesis del universo a partir de una fuerza impersonal, capaz de generar los elementos que forman el cosmos. Para Homero, por ejemplo, Océano es el generador de dioses y la génesis de todas las cosas. Hesíodo, a su vez, sitúa en primer lugar al Caos, del cual surgen el cielo (Urano) y la Tierra (Gea). Los dioses griegos, de marcado carácter antropomórfico, son descendientes de aquellas potencias naturales originarias.

Más allá del análisis de mitos concretos, hay que afirmar que estos son el fruto de la **religiosidad natural** del hombre. La razón humana nunca ha dejado de preguntarse acerca del origen del mundo. Todo ser humano —sabio o ignorante, joven o viejo— tarde o temprano se plantea la cuestión de la causa de la existencia del universo.

vocabulario

Mito: narración situada fuera del tiempo histórico y protagonizada por personajes de carácter divino o heroico que trata de explicar el origen del mundo y la relación de la divinidad con los hombres.

Laocoonte y sus hijos, anónimo griego. Siglo I a. C.

info

Enuma Elish

En las ruinas de la biblioteca del rey asirio Asurbanipal se encontraron unas tablillas, datadas hacia el año 1200 a. C., que recogen un relato babilónico sobre el origen del mundo. Enuma Elish son, en acadio, sus primeras palabras: «Cuando, en las alturas, el cielo no había recibido nombre y, abajo, el suelo firme no había sido llamado; nada, salvo el caos primordial, [...] se había formado aún. Ninguno de los dioses había sido traído al ser, nadie llevaba un nombre, sus destinos eran inciertos; fue entonces cuando se formaron los dioses en su seno».

actividades

4. Completa los enunciados con las siguientes palabras: ser humano, civilizaciones, origen, primeras, eterno, mito.

a En la mitología de las primeras [...] existía la idea de un caos primitivo, originario y [...]. **b** Las [...] explicaciones que conservamos acerca de la respuesta del [...] a la pregunta sobre el [...] del mundo están formuladas en forma de [...].

5. Indica cuáles de las siguientes afirmaciones son verdaderas y cuáles, falsas.

a El mito es un acto ritual mediante el cual el ser humano se relaciona con Dios. **b** El mito es una narración que plasma experiencias o ideas que no pueden explicarse racionalmente. **c** Los mitos de las primeras civilizaciones presentan un Dios creador. **d** Los mitos sobre el origen del mundo no son históricos pero contienen un mensaje religioso.

3. Dios sale al encuentro del hombre

vocabulario

Tradición Apostólica: transmisión del mensaje de Jesús llevada a cabo desde los comienzos del cristianismo por las enseñanzas de los Apóstoles y sus sucesores. Se realiza de dos modos: a) por la transmisión viva de la Palabra de Dios; b) por la Sagrada Escritura.

Sagrada Escritura: libro que contiene la revelación de Dios, que unos hombres han puesto por escrito bajo la inspiración del Espíritu Santo; por eso su autor principal es Dios.

No importa a qué rincón del planeta viajemos o qué período de la historia investiguemos: allí donde hay hombres y mujeres, siempre se desarrolla algún tipo de búsqueda religiosa, de respuesta a las preguntas sobre el origen del mundo, sobre el sentido de la propia vida, etcétera.

A menudo, esta búsqueda no ha tenido éxito y el ser humano ha caminado como si careciera de brújula. Pero Dios ha acudido en su auxilio. Los cristianos sabemos por la fe que Dios se ha dado a conocer a través de **hechos** y de **palabras.** Esta manifestación de Dios a los hombres se llama **revelación sobrenatural.**

Dios ha revelado verdades sobre sí mismo y sobre el hombre que no podemos conocer o que conocemos con dificultad. De este modo, ha dado una respuesta definitiva a las cuestiones que el ser humano se plantea sobre el origen y el sentido de la vida.

Esta revelación ha sido progresiva: comenzó al mismo tiempo que la historia de la humanidad y culminó con la venida al mundo de Jesucristo, el Hijo de Dios.

Dios, *que quiere que todos se salven y lleguen al conocimiento de la verdad* (1 Tim 2, 4), ha previsto que su revelación se transmita hasta el fin de los tiempos. Para que esto sea posible, ha dispuesto que su Palabra se difunda por medio de la **Tradición Apostólica*** y se recoja por escrito bajo la inspiración del Espíritu Santo en la **Sagrada Escritura***.

Jesucristo confió a los Apóstoles y a sus sucesores la tarea de custodiar y enseñar la revelación. Por eso, el creyente que lee la Biblia bajo la guía de la **Iglesia** tiene la certeza de conocer sin error las verdades que Dios ha revelado (Compendio del CEC, n.os 12, 13 y 15).

Representación del profeta Isaías, de M. Á. Buonarroti. Siglo XVI. «Desde la Creación, pasando por los patriarcas y los profetas hasta la Revelación definitiva en su Hijo Jesucristo, Dios ha hablado una y otra vez a los hombres» (Youcat, n.º 7).

actividades

6. ¿Cómo se da a conocer Dios en cada uno de estos casos?

a En el corazón del hombre anida el deseo de Dios. **b** «Pregunté al mar y a los abismos [...] y me respondieron: "No somos tu Dios, búscalo sobre nosotros"» (*Confesiones*, san Agustín). **c** *El Señor pronunció estas palabras: «Yo soy el Señor, tu Dios»* (Éx 20, 2). **d** *Cuando oréis, decid: «Padre, santificado sea tu nombre»* (Lc 11, 2).

7. Lee la siguiente afirmación y responde.

«Dios quiso que lo que había revelado para salvación de todos los pueblos se conservara por siempre íntegro y fuera transmitido a todas las generaciones» (CEC, n.º 74).

a ¿Por qué se ha revelado Dios a los hombres? **b** ¿Dónde se conserva esta revelación? **c** ¿Cuál debería ser nuestra respuesta a la revelación divina?

4. Dios, Creador

4.1. Dios creó el mundo

Hay que recordar, en primer lugar, que el relato de la Creación que nos narra la Biblia no está escrito desde un punto de vista científico. Su objetivo no es hacer una descripción pormenorizada de cómo sucedieron los hechos.

El autor, inspirado por Dios, quiere transmitirnos un conjunto de verdades religiosas de capital importancia para la vida humana y cristiana. ¿Cuál es nuestro origen? ¿Cuál es nuestro fin? A través de un lenguaje sencillo y poético, las primeras páginas de la Biblia presentan una respuesta a esas preguntas que todo ser humano, de cualquier época y cultura, puede entender (Compendio del CEC, n.º 51).

La Sagrada Escritura comienza con estas palabras: *Al principio creó Dios el cielo y la Tierra* (Gén 1, 1). Dios se presenta como **Creador** y Señor de todo lo que existe. Solo él, que tiene un poder infinito, podía dar la existencia a todas las criaturas. Dios creó todo por su propio poder, **a partir de la nada.** Se puede afirmar, por lo tanto, que el mundo no surgió por casualidad ni es eterno: ha tenido un principio, antes del cual no existía nada.

info

La ruptura de la armonía de la Creación

El primer pecado del hombre supuso la ruptura de la armonía que reinaba en todo lo creado. Pero, tras la caída, Dios no abandona a las criaturas a su suerte: promete a Adán y Eva un Salvador. En el capítulo tercero del libro del Génesis se anuncia el combate entre la serpiente y la mujer, así como la victoria final de un descendiente de esta: Pongo hostilidad entre ti y la mujer, entre tu descendencia y su descendencia; esta te aplastará la cabeza, cuando tú la hieras en el talón (Gén 3, 15).

Al terminar su obra *vio Dios todo lo que había hecho, y era muy bueno* (Gén 1, 31). Dios, suma Bondad y sumo Bien, creó un mundo ordenado y bueno. Por eso, cuando miramos a nuestro alrededor, vemos reflejada en el mundo la belleza de su Creador.

Pero ¿por qué crear? ¿Tenía Dios, tal vez, necesidad de algo? No. Él, perfecto y todopoderoso, no necesita nada y, sin embargo, quiso que todas las criaturas participaran de su sabiduría y su bondad... Porque Dios no tiene otra razón para crear que su amor y su bondad (Compendio del CEC, n.º 53).

Es una gran responsabilidad del ser humano salvaguardar la Creación, prueba del amor infinito de Dios.

El planeta privilegiado.

actividades

8. Busca las siguientes citas bíblicas e indica a qué verdad sobre la Creación hace referencia cada una de ellas.

a Mt 6, 26-30. **b** Heb 11, 3. **c** Sal 103 (102), 24. **d** Gén 1, 11-12.

9. Completa los enunciados con las siguientes palabras: comienzo, origen, respuesta, amor, nada, participan, prueba, poder.

a La Creación es el [...] de la historia de la Salvación. **b** La Creación es la [...] de su [...] y de su sabiduría. **c** Dios, que tiene un [...] infinito, creó todo de la [...]. **d** Las criaturas [...] de la bondad y el amor divinos. **e** La Creación es la primera [...] a la pregunta sobre el [...] y el destino del hombre.

Vocabulario

Hagiógrafo: autor humano que, inspirado por el Espíritu Santo, escribió cualquiera de los libros de la Biblia. Se trata de una palabra griega compuesta por hagios («santo», «sagrado») y grafos («escritor»).

Trascender: superar o estar más allá de los límites de un ámbito concreto. Dios trasciende, es decir, rebasa, está más allá del universo que él mismo ha creado.

4.2. ¿Hay mitos en la narración bíblica?

Los autores humanos de la Biblia se expresaron con los estilos literarios propios de su cultura o con aquellos que consideraron oportunos (poemas, crónicas históricas, narraciones literarias, frases de estilo sapiencial, etc.). Es decir, Dios en la composición de la Escritura «se valió de hombres elegidos, que usaban de todas sus facultades y talentos» (*Dei verbum*, n.º 11).

No es extraño, por ello, que el mensaje religioso aparezca a veces bajo un **ropaje literario.** Así sucede, por ejemplo, con algunos esquemas numéricos como el que se utiliza en la descripción del acto creador en seis días. Los **hagiógrafos*** utilizaron imágenes y símbolos que los lectores de su época podían entender. Así, la imagen de la creación en seis días enseña que Dios quiso crear un mundo ordenado y bueno.

Por ello, no puede denominarse mito a lo que solo son formas de expresión propias de una época. Sería ridículo pretender, por ejemplo, que un autor del siglo VIII a. C. hubiera escrito textos de física o astronomía propios del siglo XX.

En segundo lugar, hay que advertir la **novedad radical del mensaje revelado.** De este modo, por ejemplo, mientras que en los mitos el origen del mundo es el fruto de una fuerza ciega, la Biblia enseña que ha sido creado por un Dios personal, bueno y sabio.

Asimismo, para el hagiógrafo no existe un caos primitivo que preceda cronológicamente al universo. Frente a los mitos, el Génesis afirma que Dios **trasciende*** al mundo, lo ha creado de la nada y presenta un orden que es fruto de su poder.

Detalle de *La creación de Adán*, de Miguel Ángel. Siglo XVI. «La fe es la respuesta del hombre a Dios que se revela y se entrega a él, dando al mismo tiempo una luz sobreabundante al hombre que busca el sentido último de su vida» (CEC, n.º 26).

actividades

10. Completa los enunciados con las siguientes palabras: mundo, primitivo, facultades, Creación, historia, hombres, Biblia, nada.

a La [...] es el punto de partida del tiempo y de la [...]. **b** Según la [...], Dios crea a partir de la [...] **c** En la mitos aparece la idea de un caos [...] que existe antes de la formación del [...]. **d** Dios se valió de [...] elegidos, que usaban de todas sus [...] y talentos.

11. CL ¿Qué le dirías a un amigo que afirmara no creer en la Biblia «porque el mundo no puede crearse en seis días»?

12. Explica por qué puede afirmarse que en los relatos bíblicos sobre la creación no hay mitos.

5. Creación y ciencia

La Biblia utiliza un lenguaje que no es científico ni pretende serlo. Si bien algunos asuntos que en ella se narran sí responden a una verdad objetiva. Es lo que ocurre con la creación de la nada por parte de Dios.

No hay contraposición entre la ciencia y fe cristiana. La ciencia puede presentar sus hipótesis sobre el origen del universo y, si son correctas, nunca afectarán a la fe. ¿Por qué? Por que son dos órdenes de conocimiento distintos.

¡Si intentas imaginar la *nada,* te darás cuenta de que es imposible! Cuando pensamos, siempre pensamos en algo. De modo semejante, la ciencia siempre trata de cosas ya existentes: estudia el universo físico. La doctrina de la creación en cambio trata del instante en que —porque Dios así lo quiso— empezaron a ser las cosas (la materia, el espacio, el tiempo...). Se trata de un comienzo absoluto del que el científico no puede saber nada como científico, ya que entonces no existía su objeto de estudio.

Así, por ejemplo, la doctrina sobre la creación no excluye la posibilidad de que unos seres procedan de otros. «La evolución supone que hay algo que puede desarrollarse. Pero con ello no se afirma nada acerca del origen de ese "algo". Tampoco las preguntas acerca del ser, la dignidad, la misión, el sentido y el porqué del mundo y de los hombres se pueden responder biológicamente» (Youcat, n.º 41).

Una visión de la realidad que, por ejemplo, reduzca lo espiritual a lo biológico traspasa los límites de la ciencia positiva (ni los pensamientos ni el alma puede observarse a través de un microscopio). Una fe que pretendiera explicar los procesos naturales traspasaría asimismo los suyos. Evitando los reduccionismos, hay que afirmar que **ambos saberes se complementan.**

info

Darwin y la creación

Charles Darwin, en el párrafo final de su libro El origen de las especies, *escribe: «Hay grandeza en esta opinión de que la vida, con sus diversas facultades, fue infundida en su origen por el Creador en unas pocas formas o en una sola; y que mientras este planeta, según la determinada ley de la gravedad, ha seguido recorriendo su órbita, innumerables formas bellísimas y llenas de maravillas se han desenvuelto de un origen tan simple, y siguen siempre desenvolviéndose».*

Estatua de Charles Robert Darwin (1809-1882). Este científico publicó su teoría más completa sobre la evolución en 1859 bajo el título *El origen de las especies por medio de la selección natural.*

actividades

13. ¿Cuál de las siguientes opciones es verdadera? La ciencias naturales...

a pueden dar respuesta a todos los enigmas que se formula el ser humano. **b** permiten grandes avances en el campo de la técnica. **c** contradicen lo que la Biblia enseña acerca del origen del mundo.

14. CC **Justifica razonadamente la verdad o la falsedad de las siguientes afirmaciones.**

a Algunos avances científicos han confirmado aspectos de la doctrina de la creación del mundo. **b** Los creyentes no deben sentir temor a que una teoría científica demuestre la imposibilidad de la creación. **c** La ciencia, en cualquiera de sus disciplinas, implica la creación.

fe y vida

Consagración de la Sagrada Familia.

Vista interior del templo expiatorio de la Sagrada Familia. El amor de Gaudí a la naturaleza, al orden y a la belleza nos acerca al Creador.

Elevar la mirada a Dios

A lo largo de los siglos, ha habido en la Iglesia una tradición muy fecunda de artistas cristianos que han ayudado a difundir la Buena Nueva del Señor a través de su trabajo. Uno de ellos es **Antoni Gaudí i Cornet** (1852-1926). Este arquitecto catalán concibió uno de los edificios más asombrosos de todos los tiempos y una de las joyas de la historia del arte sacro mundial: el templo expiatorio de la Sagrada Familia.

Gaudí fue un cristiano ejemplar que actualmente está en proceso de canonización. Con su vida de intenso trabajo, sacrificio y humildad, siempre intentó dirigir nuestra mirada a Dios. Y, sin duda, lo consiguió.

Jun Young Joo, director de la Cámara de Comercio e Industria de Pusan, en Corea del Sur, se acercó a la Iglesia católica atraído por el significado que se escondía tras las formas que moldean las esculturas de Gaudí. En 1998 escribió en una revista francesa: «A través de las obras de Gaudí y del toque divino que tienen, me convencí de la existencia de Dios y, por él, gracias a él, me convertí al catolicismo, aunque era un budista devoto y convencido».

Gaudí sabía que durante sus años de juventud, su comportamiento no había sido muy edificante. Profundamente arrepentido, en sus últimos años llevó una vida de pobreza, trabajo y oración. Tanto es así que un día, cuando fue atropellado por un tranvía de la línea 30, en la esquina de la calle Bailén y la Gran Vía de Barcelona, lo tomaron por un mendigo y lo llevaron a un hospital para indigentes. Días después, un sacerdote lo encontró e intentó llevarlo a otro hospital, más adecuado para una de las personas más famosas de la ciudad, pero Gaudí dijo: «Mi lugar está aquí, entre los pobres».

mejora tus competencias

1. CC Busca información sobre el templo expiatorio de la Sagrada Familia y haz las siguientes actividades.
   - **a** Averigua cuándo comenzaron las obras, cuándo finalizaron y cómo fue la inauguración del templo.
   - **b** Prepara una exposición oral sobre una de las fachadas del templo. Las siguientes preguntas te pueden servir de guía.
     - ¿Qué se quiere representar? ¿Qué figuras cobran protagonismo?
     - ¿Qué elementos simbólicos aparecen? ¿Cuál es su significado?
     - ¿Qué pretende transmitir el artista?

2. CA Jun Young Joo se convirtió al catolicismo tras contemplar la obra de Gaudí. Reflexiona sobre este testimonio y contesta las preguntas.
   - **a** ¿Encuentras alguna explicación a este hecho? Justifica tu respuesta.
   - **b** ¿De qué modo puede ayudarnos la belleza y la perfección del mundo en nuestra relación con Dios?

fe y cultura

Religión y arte

Pinturas rupestres, pirámides, papiros... Es suficiente una pequeña mirada atrás para darse cuenta del impresionante legado material que nos han dejado nuestros antepasados. Miramos esos objetos y los reconocemos como obras de arte, es decir, como plasmaciones de lo mejor del espíritu humano.

La religión y el arte, en estrecha unión, han sido elementos fundamentales en la historia de los seres humanos. Nosotros mismos descubrimos la necesidad de plasmar nuestras inquietudes, sentimientos y creencias. Así, una rosa o una poesía nos permiten transmitir unos sentimientos a la persona amada que difícilmente podríamos expresar de otro modo. Los hombres que nos han precedido hicieron algo semejante.

Los pueblos sintieron y sienten la necesidad de fijar cánones artísticos para la representación de sus deidades, formas arquitectónicas concretas para celebrar sus cultos, música para expresar sus sentimientos a la divinidad, palabras y símbolos para la transmisión de su fe.

Esta necesidad de compartir la fe hizo que el esfuerzo artístico de las primeras civilizaciones estuviera orientado, sobre todo, al culto divino. Por ejemplo, de las famosas siete maravillas de la Antigüedad, cinco pertenecen al arte religioso: dos conjuntos funerarios —las pirámides de Gizé y el mausoleo de Halicarnaso—, dos estatuas de dioses —el coloso de Rodas (que era el dios Helios) y la estatua de Zeus en Olimpia (obra del genial escultor Fidias)— y el tempo de Artemisa en Éfeso, diosa protectora de la ciudad.

De las siete maravillas del mundo, solo ha llegado hasta nosotros la más antigua: las pirámides de Gizé (Egipto). La íntima relación entre el arte y la religión surge de los requisitos materiales del culto.

mejora tus competencias

3. **CL** **Escoge una escultura, pintura o monumento religioso de las primeras civilizaciones y escribe una redacción que dé respuesta a las cuestiones que siguen.**

a ¿A qué creencia responde?
b ¿Por qué permite expresar y compartir una misma creencia?
c ¿Qué otras funciones crees que cumple?
d ¿Qué es lo que más te ha llamado la atención de esta obra de arte? ¿Por qué?

4. **CD** **Busca en internet una guía turística de tu ciudad o de tu barrio y realiza las siguientes actividades.**

a Comprueba cuáles son los hitos artísticos que destaca y apunta todos los que tengan carácter religioso (templos, monasterios, colegios, cementerios, etcétera).
b Compara esa lista con las manifestaciones artísticas de carácter exclusivamente civil, indica el porcentaje de arte religioso sobre el total y califica, en unas breves líneas, la calidad artística de ambos grupos.

síntesis

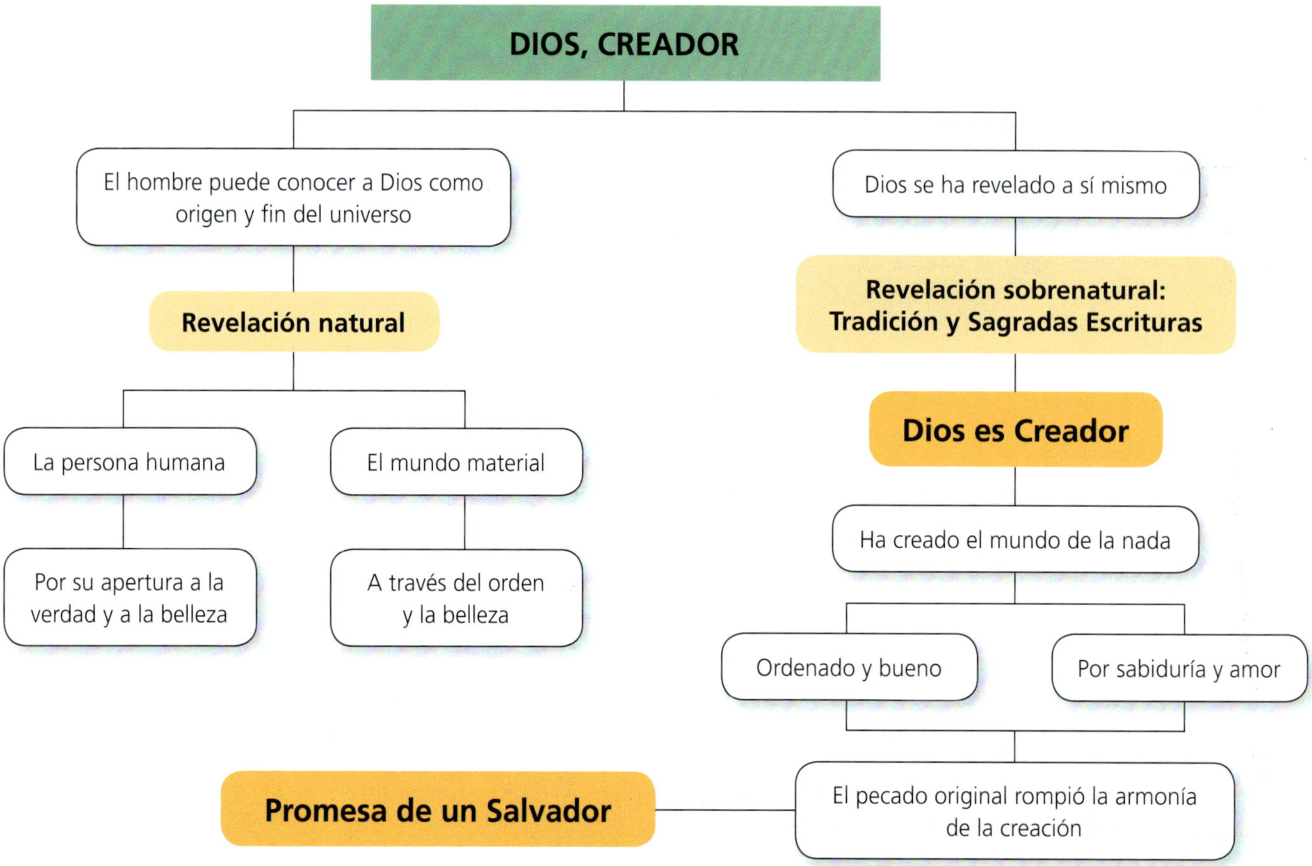

si me preguntan, qué respondo

¿Por qué late en el hombre el deseo de Dios?

Dios mismo, al crear al hombre a su propia imagen, inscribió en el corazón de este el deseo de verlo. El hombre, por naturaleza y vocación, es un ser esencialmente religioso, capaz de entrar en comunión con Dios. Esta íntima y vital relación con Dios otorga al hombre su dignidad fundamental (Compendio del CEC, n.º 2).

¿Qué revela Dios al ser humano?

Dios, en su bondad y sabiduría, se revela al ser humano a sí mismo y el designio de amor que ha establecido en favor de los hombres a través de hechos y palabras (Compendio del CEC, n.º 8).

¿Por qué es importante afirmar que en el principio Dios creó el cielo y la Tierra?

Es importante afirmar que en el principio Dios creó el cielo y la Tierra porque con la creación comienza la historia de la Salvación. Dios muestra su amor infinito y en ella el ser humano encuentra la primera respuesta a las preguntas fundamentales (Compendio del CEC, n.º 51).

¿Cómo ha creado Dios el mundo?

Por sabiduría y amor, Dios ha creado el mundo de la nada, ordenado y bueno, y lo mantiene y lo guía hacia su realización por medio de su Hijo Jesucristo y del Espíritu Santo (Compendio del CEC, n.º 54).

actividades

1. **CM** **En el año 1225, san Francisco de Asís compuso una bella oración: el *Cántico a las criaturas*. Buscadlo en internet y realizad las actividades que siguen.**

   a Elaborad individualmente una presentación o un mural en el que dos imágenes acompañen a cada estrofa.

   b Después de leer este himno y reflexionar sobre él, tomad algunas notas, reuníos en grupos y comentadlo entre vosotros. Pensad sobre:
   - Las actitudes que manifiesta (expresiones y adjetivos que utiliza, imágenes…).
   - La enseñanza que transmite.
   - Las actividades o técnicas que supongan un atentado contra la ecología y posibles iniciativas que pueden favorecer, frente a aquellas, actitudes responsables.

2. **¿Cuáles de las siguientes afirmaciones son correctas?**

   a Dios creó el mundo en seis días. **b** Dios creó el mundo de la nada. **c** Dios colocó al ser humano en el centro de la creación visible. **d** Dios ha creado el mundo, pero no interviene en su desarrollo. **e** Todo lo creado por Dios es bueno.

3. **CL** **Lee con atención la siguiente cita bíblica y resuelve las actividades.**

   Amas a todos los seres y no aborreces nada de lo que hiciste, pues, si odiaras algo, no lo habrías creado. ¿Cómo subsistiría algo, si tú no lo quisieras?, o ¿cómo se conservaría, si tú no lo hubieras llamado? Pero tú eres indulgente con todas las cosas, porque son tuyas, Señor, amigo de la vida (Sab 11, 24-26).

   a ¿Qué atributos de Dios se reflejan en este texto? **b** Escribe una frase que sintetice la idea principal de la cita. **c** ¿Qué actitudes debe mostrar el cristiano ante Dios Creador?

4. **CA** **Lee los siguientes fragmentos de dos mitos sobre el origen del mundo y, a continuación, explica en qué se diferencian del relato bíblico sobre la creación.**

   «Quien hizo todo y dio ser a los dioses es realmente Ptah-Ta-tenen, pues todo lo bueno surgió de él. […] De esta forma se descubrió y comprendió que su poder era mayor que el de los demás dioses. Tras hacer todo esto, Ptah se consideró satisfecho, así como toda la estirpe divina. […] Debido a ello, las divinidades penetraron en los cuerpos de cada especie de madera, de piedra, de arcilla o en cuanto puede crecer en él, donde adquirieron forma» (fragmento que se puede leer en la piedra de Shabaka, Antiguo Egipto, siglo VIII a. C.).

   «En primer lugar existió el Caos [el vacío] y después Gea [la Tierra], amplia y segura para los dioses que habitan la nevada cumbre del Olimpo. En el fondo de la Tierra existió el tenebroso Tártaro [dios de las profundidades]. Y por último, Eros, el más hermoso entre los dioses, que cautiva a todos los Inmortales y el corazón de todos los hombres. Del Caos surgieron Érebo [el infierno] y la negra Noche. De la Noche, a su vez, nacieron el Éter y el Día. Gea alumbró al estrellado Urano [el cielo] con sus mismas proporciones. También dio a luz a las grandes Montañas [y] al Ponto, el estéril mar de agitadas olas» (Hesíodo, *Teogonía*, siglo IX a. C.).

2 La historia de Israel (I)

interpretamos

1. ¿Has oído hablar de Abraham, Moisés o David? ¿Eres capaz de situarlos en el tiempo?
2. ¿Por qué crees que hay que estudiar la historia de Israel?
3. ¿Qué conflictos actuales podemos entender mejor si conocemos la historia del antiguo Israel?

Moisés tomó el documento de la Alianza y se lo leyó en voz alta al pueblo.

1. Primera etapa: los patriarcas (siglos XIX-XVIII a. C.)

vocabulario

Patriarca: nombre que reciben algunos personajes del Antiguo Testamento, que fueron padres y jefes de una descendencia importante para la historia de la Salvación.

Alianza: pacto que Dios hizo con Noé y con Abraham, y que luego se renovó solemnemente con Moisés en el monte Sinaí.

Abraham, Isaac, Jacob y sus hijos son los **patriarcas*** de Israel. Con esta familia de pastores nómadas se inicia la historia del pueblo elegido.

1.1. Abraham e Isaac

En Mesopotamia, unos 2000 años a. C., Dios se manifestó a **Abraham** diciéndole: *Sal de tu tierra, de tu patria y de la casa de tu padre, hacia la tierra que te mostraré. Haré de ti una gran nación, te bendeciré, haré famoso tu nombre y serás una bendición* (Gén 12, 1-2). Abraham y Sara, su esposa, se pusieron en marcha con sus rebaños y criados iniciando, así, una larga historia.

Al llegar al país de **Canaán,** Dios le volvió a hablar: *A tu descendencia le daré esta tierra* (Gén 12, 7). A Abraham le inquietaba el hecho de que era ya anciano y aún no tenía hijos, pero Dios lo tranquilizó: *Mira al cielo y cuenta las estrellas, si puedes contarlas. Así será tu descendencia* (Gén 15, 5).

Dios cumplió su promesa y Sara tuvo un hijo, **Isaac,** a quien Abraham educó como heredero de la **Alianza*** que Dios hizo con él.

Pasados unos años, Dios puso a prueba la fe de Abraham y le ordenó ofrecer a su hijo en **sacrificio.** Lo que le pedía era muy duro, pero cuando ya estaba a punto de cumplirlo, Dios se lo impidió. Abraham demostró su fe hasta el extremo y Dios le dijo: *Te colmaré de bendiciones y multiplicaré a tus descendientes como las estrellas del cielo y como la arena de la playa* (Gén 22, 17). Isaac creció y se casó con Rebeca, que tuvo dos hijos mellizos: **Esaú** y **Jacob.**

Abraham siempre tuvo fe en Dios: a pesar de las dificultades, confió más en la Palabra del Señor que en sus recursos personales. Por eso, los cristianos lo llamamos padre de todos los creyentes. Es venerado por judíos, cristianos y musulmanes.

Fotograma de la película *Abraham,* dirigida por J. Sargent (1993). *Por la fe obedeció Abraham a la llamada y salió hacia la tierra que iba a recibir en heredad. Salió sin saber adónde iba. Por fe vivió como extranjero en la tierra prometida* (Heb 11, 8-10).

actividades

1. Señala la mejor opción. Abraham es importante en la historia de la Salvación porque...

   a fue un gran profeta. **b** creyó en Dios y lo amó. **c** tuvo una gran descendencia. **d** con él comienza el pueblo de Israel. **e** fue un patriarca.

2. CA ¿Cómo se llamaba Abraham antes de que Dios le cambiara el nombre? Localiza el pasaje del libro del Génesis en el que se narra esto.

3. CL Escribid situaciones que sean una prueba para la fe, como el caso de Abraham. ¿Cómo debe reaccionar el cristiano ante esas pruebas? Redactad un documento común.

1.2. Jacob y Esaú

Jacob, el hermano menor, heredó las promesas hechas a Abraham y a Isaac, porque **Esaú** le vendió el derecho que tenía como hermano mayor, e Isaac le dio su bendición. Jacob recibió, además, la confirmación de Dios: *Yo soy el Señor, el Dios de tu padre Abraham y el Dios de Isaac. La tierra sobre la que estás acostado la daré a ti y a tu descendencia* (Gén 28, 13).

Dios llenaba de bendiciones la vida de Jacob: se casó, tuvo muchos hijos y prosperó. Un día, Dios le cambió el nombre y lo llamó **Israel,** dando, de este modo, nombre a toda su descendencia (Gén 35, 10-12).

info

El escenario de la Biblia

En el llamado Creciente Fértil, el arco formado por las cuencas de los ríos Tigris, Éufrates y Nilo, surgieron la Escritura y las primeras civilizaciones. En este territorio se desarrolló la acción que leemos en las páginas de la Biblia: el pueblo de Israel y los grandes personajes de su historia recorrieron sus rutas.

Creciente Fértil.

1.3. José y sus hermanos

Jacob vivía en Canaán con sus doce hijos. Tenía predilección por **José,** el menor; por este motivo, sus hermanos lo envidiaban. Un día que estaban en el campo con los rebaños, vieron llegar a José y decidieron venderlo a unos mercaderes que iban hacia **Egipto.** Dijeron a su padre, que estaba desolado, que lo había matado una fiera.

En Egipto, José trabajó fielmente para un gran señor pero, por una falsa denuncia, fue encerrado en la cárcel. Al cabo de un tiempo, pudo salir de ella porque interpretó unos extraños sueños del Faraón y este, agradecido, lo nombró primer ministro de Egipto.

En cierta ocasión, los hijos de Jacob tuvieron que ir a Egipto a comprar trigo, porque su país padecía una gran sequía. Ellos no reconocieron en el egipcio que les atendía a José, pero él si se dio cuenta de que eran sus hermanos y, finalmente, se dio a conocer. Ellos se asustaron, pero José los abrazó con emoción. Entonces, hizo que su anciano padre, Jacob, y las familias de sus hermanos se trasladaran a Egipto. Así, los israelitas empezaron a vivir en Egipto.

actividades

4. Ordena cronológicamente estos sucesos, narrados en el libro del Génesis.

a Esaú pierde la primogenitura. **b** José es vendido por sus hermanos. **c** Dios cambia el nombre a Jacob, llamándolo Israel. **d** Gran sequía en Canaán.

5. CA Busca el nombre de los doce hijos de Jacob y anótalos en tu cuaderno.

6. Corrige el texto.

José perdió la primogenitura dejándose llevar por el hambre. De este modo, Esaú heredó la Alianza y recibió la bendición de su padre, Israel.

2. Segunda etapa: el éxodo (siglo XIII a. C.)

info

La fiesta de la Pascua

Hasta el día de hoy, los judíos celebran la fiesta de la Pascua para conmemorar que Dios los liberó de la esclavitud en Egipto. Es una cena ritual y festiva en la que están definidos hasta los mínimos detalles: cada ingrediente de la comida, el orden de los gestos y las palabras, etc. El más joven de la mesa pregunta: «¿Por qué esta noche es distinta de las demás?». Y el padre de familia narra, entonces, la historia de la liberación del pueblo de Israel.

Los descendientes de Jacob crecieron hasta convertirse en un pueblo numeroso. En Egipto ya nadie recordaba el origen de aquel pueblo extranjero y el Faraón los sometió a esclavitud.

2.1. Moisés

Moisés era un niño hebreo que, adoptado por la hija del Faraón, creció como un príncipe de Egipto. Ya mayor, sufría viendo cómo se maltrataba a los hebreos. Un día, por defender a un israelita, mató a un soldado egipcio y tuvo que huir a tierras lejanas.

En su nueva vida como pastor de ovejas, Dios le salió al encuentro de la siguiente manera: Moisés descubrió en el monte una zarza que ardía sin consumirse. Desde el fuego oyó una voz: *Yo soy el Dios de tus padres, el Dios de Abraham, el Dios de Isaac, el Dios de Jacob.* [...] *Y ahora marcha, te envío al Faraón para que saques a mi pueblo, a los hijos de Israel* (Éx 3, 6-10). Y le aseguró su protección.

2.2. La Pascua

Moisés volvió a Egipto y se presentó al Faraón, que se negó a dejar en libertad a los hebreos y endureció aún más su trabajo. Entonces Dios envió sobre Egipto desgracias terribles, pero el corazón del Faraón no cedía.

Un día, Dios ordenó a Moisés que los israelitas celebraran la fiesta de la **Pascua*** y que marcaran las puertas de sus casas con la sangre de un cordero. Aquella noche, la desgracia cayó sobre todas las casas de Egipto, excepto sobre las que estaban señaladas. Finalmente, el Faraón cedió y ordenó a los israelitas que se marcharan inmediatamente al desierto. Empezaba así el **éxodo*** del pueblo judío.

Al llegar al mar Rojo, que les cortaba el paso, descubrieron que por detrás se acercaba el ejército egipcio. Entonces, Moisés extendió su bastón y un viento muy fuerte separó las aguas del mar hasta abrir un camino seco delante de ellos. Cuando todo el pueblo había pasado al otro lado, el mar se cerró y cubrió a los egipcios.

actividades

7. CA Busca en la Biblia el pasaje en el que Dios habla por primera vez con Moisés (Éx 3, 1-6). Anota los nombres que el Señor se da a sí mismo para darse a conocer.

8. Elabora una lista que contenga las diez plagas que Dios hizo caer sobre Egipto.

9. Completa los siguientes enunciados sobre la historia de Moisés.

a Los israelitas vivían sometidos al poder de [...].
b Un día, Dios habló a Moisés desde una [...].
c Los israelitas celebran la liberación de la esclavitud en Egipto en la fiesta de [...].
d Dios demostró que protegía a Moisés haciendo varios [...].

2.3. La Alianza del Sinaí

Los israelitas tenían por delante un desierto inmenso y se quejaban: *Nos habéis sacado a este desierto para matar de hambre a toda la comunidad* (Éx 16, 3). Pero Dios los alimentaba con el maná, una especie de capa de escarcha y harina que cubría el campamento cada amanecer. Asimismo, bandadas de codornices los sobrevolaban a la caída de la tarde.

Avanzando por el desierto, llegaron al pie del **monte Sinaí.** Una nube espesa, con truenos, relámpagos y un sonido intenso de trompeta, cubrió la cumbre de la montaña. Allí, Dios transmitió a Moisés los **diez Mandamientos** y otras normas para organizar al pueblo y rendir culto a Dios.

Si el pueblo cumplía la Ley, Dios lo guiaría y lo protegería: sería su pueblo. *Haremos todo cuanto ha dicho el Señor* (Éx 19, 8), respondieron. Y ofrecieron sacrificios en un altar como sello de la **Alianza** de Dios con Israel.

Dios llamó de nuevo a Moisés al Sinaí para entregarle los Mandamientos escritos sobre piedra. Pasaban los días y no regresaba: la gente pensó que había muerto y que Dios los había abandonado. Entonces, fundieron con metal la figura de un becerro y le ofrecieron sacrificios.

Cuando Moisés volvió, se indignó, porque el mandamiento principal de la Alianza era adorar exclusivamente a Dios y los israelitas lo habían desobedecido para adorar a un ídolo hecho con sus manos.

Como consecuencia de su **idolatría***, los israelitas tendrían que permanecer cuarenta años en el desierto y solo sus hijos entrarían en Canaán. Aun así, Dios no abandonó a su pueblo: lo alimentaba, le enseñaba a cumplir las leyes de la Alianza y lo guiaba por medio de Moisés.

PDF **Juan Pablo II en el monte Sinaí.**

info

El arca de la Alianza

Cuando el pueblo de Israel estaba en el desierto, acampaba alrededor de la tienda del tabernáculo. En ella se guardaba el arca de la Alianza. Recubierta de oro y con la imagen de dos ángeles con las alas extendidas, contenía las Tablas de la Ley, la vara de Moisés y maná del desierto. Era un signo de la presencia de Dios en medio de su pueblo; ante el arca de la Alianza, Moisés hablaba con él. Cuando se desplazaban, el arca los precedía en el camino.

vocabulario

Pascua: fiesta judía en la que se celebra el fin de la esclavitud en Egipto. En la Pascua cristiana celebramos con júbilo la resurrección de Jesucristo.

Éxodo: palabra hebrea que significa 'salida'. Es el nombre que recibe el libro de la Biblia que narra la salida de los judíos de Egipto.

Idolatría: reverencia o adoración a alguien o algo con el culto que solo se debe a Dios.

actividades

10. ¿Cuál de estas afirmaciones se puede aplicar al pueblo de Israel tras su liberación de Egipto?

a Nunca dudó de la protección de Dios. **b** Cayó en cultos idólatras propios de los egipcios. **c** Estaba dividido en diez tribus. **d** Tardó cuatro años en llegar a la Tierra Prometida.

11. Contesta a las preguntas.

a ¿En qué libro de la Biblia se narra la Alianza del Sinaí?
b ¿Con qué se selló la Alianza?
c Esta Alianza era imagen de otra que se realizaría posteriormente; ¿de cuál?

12. CA Buscad, entre las peripecias en el desierto del pueblo elegido, algún símbolo de la figura de Jesucristo y explicadlo.

3. Tercera etapa: los jueces (siglos XIII-IX a. C.)

Pasados cuarenta años desde la salida de Egipto, Moisés pudo divisar el país de Canaán desde un monte, poco antes de morir. Los israelitas lloraron mucho su muerte.

3.1. Josué

Después de la muerte de Moisés, siervo del Señor, dijo el Señor a Josué, hijo de Nun, ayudante de Moisés: «Moisés, mi siervo, ha muerto. Anda, pasa el Jordán con todo este pueblo. [...] *Os voy a dar toda la tierra en la que pongáis la planta de vuestros pies.* [...] *Como estuve con Moisés, estaré contigo; no te dejaré ni te abandonaré. ¡Ánimo, sé valiente!»* (Jos 1, 1-6).

Josué sucedió a Moisés al frente de Israel y mandó a los israelitas que cruzaran el río Jordán para entrar en Canaán, precedidos por el arca de la Alianza. Nada más pisar la **Tierra Prometida***, renovaron solemnemente la Alianza.

vocabulario

Tierra Prometida: la que Dios prometió a Abraham y a su descendencia, llamada también tierra de Canaán y, más tarde, Palestina. En ella nació Jesús, el Salvador.

La primera ciudad que conquistaron, con la ayuda portentosa de Dios, fue **Jericó,** cuyas murallas se derrumbaron con el sonido de las trompetas y los gritos de los soldados. Después de Jericó, los israelitas ocuparon con cierta facilidad las ciudades de Canaán, una tras otra.

Y de este modo, los descendientes de Abraham, Isaac y Jacob se instalaron finalmente en la tierra que Dios les había prometido hacía siglos.

Vista de la ciudad de Jericó (Cisjordania).

3.2. Las doce tribus de Israel

El pueblo de Israel se dividía en **doce tribus.** Cada tribu o grupo de familias descendía de uno de los hijos de Jacob y ocupaba la parte del país que Moisés le había indicado. No existía un jefe único que gobernara a todas las tribus, sino que cada una se organizaba a su manera.

Mapa de las doce tribus de Israel.

actividades

13. Señala la respuesta correcta. Dios eligió a Josué para...

a hacer una gran Alianza con él.
b luchar contra los filisteos.
c introducir a su pueblo en la Tierra Prometida.
d recuperar el arca de la Alianza.

14. CC Elabora dos listas paralelas: la de los hijos de Jacob y la de las tribus de Israel. Comprobarás que hay dos hijos de Jacob que no tienen tierra propia y dos tribus que no corresponden a ningún hijo de Jacob. Investiga para encontrar una explicación a estos hechos.

3.3. Los jueces

Durante siglos, los israelitas habían estado en contacto con los numerosos dioses egipcios. Ahora vivían rodeados de diversos pueblos cananeos, que adoraban a sus propios dioses. Por eso, con frecuencia caían en la tentación de adorar a esos dioses, a los que podían ver y tocar, y olvidaban el mandato principal de la Alianza: la fe en un único Dios vivo al que no se podía representar.

Fotograma de *Sansón y Dalila*, dirigida por C. B. DeMille (1949). Dios hizo aparecer a hombres y mujeres capaces de hacer frente a los enemigos de las tribus de Israel.

Cuando la idolatría se implantaba entre los israelitas, la presión de los pueblos vecinos era más fuerte: robaban sus cosechas y su ganado, invadían el territorio y sometían a sus habitantes. Ante esta situación, los israelitas acudían al Dios de sus padres, al Dios de la Alianza.

Entonces Dios, compadecido de la debilidad de su pueblo, elegía a alguien que aunaba los esfuerzos de las tribus para defenderse de sus enemigos. Los jueces más destacados de estos doscientos años fueron **Ehud,** que luchó contra los moabitas; **Débora** —una mujer—, que se enfrentó a los cananeos; **Gedeón,** que venció a los madianitas con un pequeño ejército; **Jefté,** que combatió a los amonitas, y **Sansón,** cuyas fuerza y astucia le sirvieron para derrotar a los filisteos.

Se llamó **jueces** a esos jefes elegidos por el pueblo. En todos ellos sorprende la desproporción entre el poder de los enemigos y lo limitado de los recursos con los que contaban. Cuando los israelitas veían claro que era la fuerza del Señor la que los salvaba, volvían a adorarlo y a vivir en paz.

info

¿Cuál es mi ídolo?

«Se podría pensar que [la idolatría y la hipocresía son] *actitudes del pasado. Hoy ninguno de nosotros va por las calles adorando estatuas. Pero no es así,* [...] *muchos cristianos cambian la gloria de Dios, incorruptible, por una imagen: el propio yo, las propias ideas, la propia comodidad.* [...] *He aquí el camino del Señor: amar a Dios por encima de todo, y amar al prójimo. Es muy sencillo, pero muy difícil. Se puede hacer solo con la gracia. Pidamos la gracia» (homilía del papa Francisco, 15 de octubre de 2013).*

actividades

15. ¿Quiénes fueron los jueces? ¿Cuál fue su misión principal?

16. CC Leed la historia de Sansón y Dalila en el capítulo 16 del libro de los Jueces y escribid un documento conjunto para explicar las conclusiones morales que se pueden sacar del relato.

17. Ordena cronológicamente los siguientes sucesos o personajes.

a La zarza ardiendo.
b Sansón.
c La adoración del becerro de oro.
d La conquista de Jericó.
e Gedeón.
f Dios transmitió a Moisés los diez Mandamientos.

fe y vida

El arca de la Alianza

El arca de la Alianza cruza el río Jordán, de J. J. Tissot. Siglo XIX.

El arca de la Alianza que acompañó a Israel por el desierto y más tarde se guardó en el templo de Jerusalén hasta su desaparición, contenía la ley que Dios había entregado a su pueblo por medio de Moisés. El arca y su contenido eran un signo de la Alianza y de la presencia de Dios entre su pueblo. Por eso, estaba fabricada con madera noble y recubierta de oro puro.

Si leemos el Antiguo Testamento a la luz del Nuevo, descubriremos novedosos significados o imágenes en este objeto histórico.

La tradición cristiana reconoce en el arca una imagen de Cristo. Si el arca era un signo de la presencia de Dios entre su pueblo, Jesucristo es Dios mismo entre la humanidad. La mejor madera con la que estaba construida el arca sugiere la humanidad santísima de Cristo y el oro que la recubría, su divinidad. El arca contenía la antigua ley, y Jesús es él mismo la nueva ley.

El arca de la Alianza también se identifica con la Virgen María, porque ella albergó en su seno al mismo Dios hecho hombre. La nobleza de los materiales del arca evoca la pureza inmaculada de María, preservada del pecado original precisamente para recibir en su seno al Hijo de Dios.

También cada uno de los bautizados puede identificarse con el arca. Si esta contenía la ley escrita en unas tablas, los bautizados la tienen escrita en su corazón, como profetizó Jeremías: *Pondré mi ley en su interior y la escribiré en sus corazones; yo seré su Dios y ellos serán mi pueblo* (Jer 31, 33). El cristiano, como el arca, debe estar recubierto por el metal precioso de las buenas obras.

El arca contenía también el maná con el que Dios alimentó a su pueblo en el desierto. Del mismo modo, el sagrario contiene la Eucaristía con la que Dios alimenta a su pueblo en su caminar por este mundo.

mejora tus competencias

1. CA Lee el texto sobre la construcción del arca en Éx 25, 10-22. ¿Por qué crees que el arca tenía la forma que tenía y no otra? Escoge la opción correcta teniendo en cuenta el hecho de que la Revelación divina se manifiesta en el lenguaje y la cultura de cada época.

a Porque, de otro modo, no cabrían las Tablas de la Ley. **b** Porque así era más fácil de transportar. **c** Porque así eran los cofres sagrados de las culturas vecinas. **d** Por un designio misterioso de Dios.

2. CS CL Escribe un texto en el que desarrolles la idea de la identificación del cristiano con el arca de la Alianza, concretamente, la necesidad de la coherencia entre la fe y las obras para ser un signo de la presencia de Dios en el mundo.

3. CA Lee este otro pasaje del libro del Antiguo Testamento: Núm 21, 4-9. Desde la óptica del Nuevo Testamento, ¿a qué se podría comparar la serpiente de bronce? ¿En qué sentido?

fe y cultura

La Biblia de los Setenta

Tres siglos antes de Cristo, cuando la influencia de la cultura griega estaba en su apogeo en el Mediterráneo oriental, el mundo antiguo desarrolló una gran curiosidad por las doctrinas religiosas de los judíos. En aquel entonces, había una ciudad en Egipto en la que la sabiduría y el conocimiento habían florecido especialmente. Su nombre procedía del gran conquistador griego que la fundó, **Alejandría;** el más famoso de sus edificios era su legendaria biblioteca.

En una carta muy antigua, se cuenta que el rey que fundó la biblioteca, **Ptolomeo II,** mandó emisarios a Jerusalén para que Eleazar, el sumo sacerdote, le donara una copia auténtica de la ley de los judíos, pues tenía intención de traducirla al griego y de agregar este prestigioso libro a la biblioteca. Eleazar no solo consintió en regalar una copia de los libros sagrados, sino que, además, mandó a **setenta y dos sabios judíos** —seis por cada tribu— para que hicieran la traducción.

Los sabios se recluyeron en la solitaria **isla de Faros** y, tras setenta y dos días de arduo trabajo, dieron con una traducción que, cuando se dio a leer a los sacerdotes y al pueblo congregado en Alejandría, fue aclamada como exacta e inmejorable.

Esta traducción, que desde entonces se llamó **de los Setenta o alejandrina,** fue muy utilizada por los judíos que vivían fuera de Palestina, que en ese momento ya eran muy numerosos. También se convirtió en el vehículo a través del cual el mundo antiguo conoció el pensamiento religioso de Israel.

Además, cuando los primeros cristianos necesitaron copias de los libros del Antiguo Testamento, usaron esta versión, realizada por los propios judíos, a partir de la cual se hicieron sucesivas traducciones, hasta las Biblias que utilizamos en nuestros días.

Gran parte de las traducciones posteriores del Antiguo Testamento se basan en la Biblia de los Setenta.

mejora tus competencias

4. CC Ya has visto que la cultura griega otorgó un enorme valor cultural a la Biblia; por eso hubo un lugar para ella en la famosa biblioteca de Alejandría.

- **a** Reflexionad en pequeños grupos acerca del valor de la Biblia desde el punto de vista cultural, al margen del religioso y espiritual, y pensad en argumentos sobre la necesidad de conocer la Sagrada Escritura desde la perspectiva de la formación cultural.
- **b** Pensad en tres obras de arte que hagan referencia a alguno de los pasajes de la historia de Israel a los que se hace referencia en esta unidad.
- **c** Recordad expresiones o frases bíblicas que se utilizan de vez en cuando en el lenguaje actual.

5. CC Infórmate y anota el título de cinco películas que se ocupen de historias o de hechos narrados en el Antiguo Testamento. Confecciona una ficha técnica de cada una de ellas y averigua cuál es más fiel al texto bíblico.

síntesis

HISTORIA DE ISRAEL (I)		
Etapas	**Hechos**	**Personajes**
Patriarcas (siglos XIX-XVIII a. C.)	• Elección de Abraham y viaje a Canaán • Promesas de Dios: posesión de la tierra y gran descendencia • Establecimiento en Egipto	• Abraham • Isaac • Jacob (Israel) • José y sus hermanos
Esclavitud en Egipto		
Éxodo (siglo XIII a. C.)	• Liberación de la esclavitud y paso del mar Rojo • Alianza del Sinaí y entrega de la Ley y los Mandamientos • Travesía del desierto	• Moisés • Aarón
Jueces (siglos XIII-XI a. C.)	• Paso del río Jordán • Renovación de la Alianza • Establecimiento en Canaán	• Josué • Gedeón • Sansón

si me preguntan, qué respondo

¿Cuáles son las sucesivas etapas de la Revelación de Dios?

Dios escogió a Abraham para convertirlo en «el padre de una multitud de naciones» y para bendecir en él «a todas las naciones de la Tierra». De los descendientes de Abraham, Dios formó a Israel como pueblo elegido: lo salvó de la esclavitud de Egipto, estableció con él la Alianza del Sinaí y le dio su ley por medio de Moisés. Los profetas anuncian una Alianza nueva y eterna. Del pueblo de Israel, de la estirpe de David, nacerá el Mesías: Jesús (Compendio del CEC, n.° 8).

¿Qué importancia tiene el Antiguo Testamento para los cristianos?

Los cristianos veneran el Antiguo Testamento como verdadera Palabra de Dios: todos sus libros, divinamente inspirados, dan testimonio del amor salvífico de Dios y se han escrito para preparar la venida de Cristo salvador del mundo (Compendio del CEC, n.° 21).

¿Cuál es el principal modelo de obediencia en la fe en el Antiguo Testamento?

Muchos son los modelos de obediencia en la fe en el Antiguo Testamento, pero destaca particularmente Abraham, que, sometido a prueba, *creyó a Dios* (Rom 4, 3) y siempre obedeció su llamada (Compendio del CEC, n.° 26).

aCtividadEs

1. Relaciona cada personaje bíblico con lo que corresponda.

a Abraham. **b** Isaac. **c** Israel. **d** Sansón. **e** Josué.

1 Sucesor de Moisés. **2** Padre de Jacob y Esaú. **3** También llamado Jacob. **4** Juez de Israel. **5** Esposo de Sara.

2. Completa las siguientes afirmaciones.

a Jacob tenía doce hijos, pero su predilecto era el menor, [...].

b [...], dejándose llevar por la ira, asesinó a un egipcio.

c Dios entregó a Moisés los diez Mandamientos en el monte [...].

d [...], con un ejército muy pequeño, consiguió vencer a los madianitas.

e Dios prometió a Abraham una gran [...] y la posesión de la tierra de [...].

3. Corrige los errores que hay en estos enunciados.

a Jacob recibió de su padre Abraham la bendición paterna y, por lo tanto, los derechos de primogenitura.

b El tema central de la Alianza era guardar reposo el sábado.

c Josué condujo a los israelitas para pasar el mar Rojo.

d Moisés murió tras entrar en la Tierra Prometida.

e Una vez que salieron de Egipto, los israelitas no volvieron a caer en la idolatría.

4. CC **Esta actividad, que se inicia en esta unidad y continúa en la siguiente, consiste en hacer una representación panorámica de la historia de Israel en una línea del tiempo.**

a Construid una franja de cartulina, de la longitud que queráis, que represente una duración de veinte siglos. También podéis representar cada siglo con una tira de cartulina y ponerlas todas seguidas.

b Poned en cada espacio el siglo correspondiente: del siglo XIX a. C. al siglo I d. C. Escribid sobre las divisiones verticales entre siglos el año del cambio de siglo: 1900, 1800, 1700, 1600, etcétera.

c Representad cada etapa de la historia de Israel con un color diferente (los siglos que transcurren entre los patriarcas y el éxodo no corresponden propiamente a ninguna etapa) y escribid en el lugar correspondiente el nombre de cada etapa.

d Redactad, debajo de la línea, frases sintéticas sobre los hechos y los protagonistas principales de cada etapa. Por ejemplo: «Dios llama a Abraham», «Dios promete a Abraham una gran descendencia y la tierra de Canaán», «Salida de Egipto»... Debéis situar las frases de modo que el paso del tiempo entre los hechos sea visible.

e Junto al texto, podéis poner representaciones gráficas de algunos hechos o personajes, mapas, frases bíblicas, etc. Recurrid a vuestra creatividad para enriquecer esta línea del tiempo.

5. CC **Elaborad un mapa de Oriente Medio (el Creciente Fértil) y señalad en él Canaán, Egipto, Mesopotamia, Persia, Jerusalén y Babilonia. Podréis encontrar modelos en internet, en atlas bíblicos. Colocad el mapa junto a la línea del tiempo.**

3 La historia de Israel (II)

interpretamos

1. Por lo general, cuando escuchas la primera lectura en la Misa dominical, ¿entiendes los hechos y las palabras que se leen?
2. ¿Sabes si la arqueología confirma o desmiente los acontecimientos que se narran en el Antiguo Testamento? ¿Esto es importante para la fe?

PDF Lc 1, 26-38

La Anunciación

1. Cuarta etapa: la monarquía (siglos XI-VI a. C.)

info

El templo de Jerusalén

En tiempos de Jesús, el templo de Jerusalén era una ampliación del que había construido Salomón en el mismo lugar y con la misma estructura. Se alzaba sobre una inmensa explanada, rodeada de pórticos con columnas. Acogía a millares de judíos y gentiles, sobre todo, en las grandes fiestas religiosas. Era el centro de la vida espiritual de Israel porque representaba la presencia de Dios entre su pueblo.

vocabulario

Profeta: persona elegida por Dios para hablar en su nombre al pueblo de Israel y para anunciar al Mesías salvador.

Recuerda que las tribus de Israel vivían distribuidas en la tierra de Canaán sin un gobernante único. Pasado un tiempo, quisieron tener un solo Rey que las gobernara, como otras naciones, para vencer definitivamente a sus enemigos. Dios aceptó su deseo a través de **Samuel,** un **profeta*** de Dios.

1.1. Los primeros reyes de Israel

Dios eligió a **Saúl** —de la tribu de Benjamín— como primer rey de Israel. Samuel ungió la cabeza de Saúl con aceite como señal de la elección de Dios. Saúl fue un gran guerrero, muy admirado, pero su corazón se fue apartando de Dios.

Entonces, Samuel ungió al joven **David** —de la tribu de Judá— para que lo sucediera. Este se puso al servicio de Saúl y se hizo famoso al vencer al filisteo Goliat. Cuando Saúl murió, David fue coronado como nuevo rey de Israel.

David fue rey durante muchos años, convirtió a Israel en una nación importante al vencer definitivamente a los filisteos y engrandeció su territorio. Estableció la capital en **Jerusalén,** que la Biblia denomina a menudo **Sión,** y mandó trasladar allí el arca de la Alianza. Todo esto ocurrió sobre el año 1000 a. C.

Dios recompensó la fidelidad de David y le hizo una promesa: su dinastía reinaría por siempre en Israel, en referencia al Mesías que nacería de su descendencia. La promesa que hizo Dios tras el pecado original y que renovó más tarde a Abraham y a Moisés, se concretaba ahora en la descendencia de David.

A David le sucedió su hijo **Salomón,** famoso por su sabiduría. Siguiendo las indicaciones de Dios, construyó un gran templo en Jerusalén para guardar el arca y ofrecer sacrificios a Yahvé. Era el lugar más sagrado de Israel y signo de la presencia de Dios entre su pueblo, como lo había sido el tabernáculo en el desierto.

actividades

1. Lee el capítulo 8 del primer libro de Samuel (1 Sam 8) y explica qué hace Yahvé cuando los israelitas quieren un Rey que los gobierne.
2. CA ¿Qué significado tenía la unción de los reyes de Israel? ¿En qué sacramentos de la Iglesia se utiliza la unción con este mismo sentido?
3. Lee 2 Sam 7, 1-17 y contesta a las preguntas.
   - **a** ¿Cuál era la preocupación de David?
   - **b** ¿Qué quiere enseñarle Yahvé con su respuesta?
   - **c** ¿A qué etapas de la historia de Israel hacen referencia las palabras de Yahvé?
4. CL Resume brevemente el siguiente pasaje del segundo libro de las Crónicas: 2 Crón 1, 7-12.

1.2. Los reinos de Israel y Judá

Hacia el final de su vida, Salomón, sintiéndose muy poderoso, acabó adorando a divinidades extranjeras y construyendo lugares de culto para ellas. Las consecuencias de la idolatría del rey no llegaron hasta después de su muerte.

En efecto, en el año 930 a. C., las diez tribus que habitaban el norte del país se separaron formando el **reino de Israel,** con capital en Samaría, y las dos tribus del sur constituyeron el **reino de Judá,** cuya capital siguió en Jerusalén.

A partir de entonces, los dos reinos siguieron su historia en paralelo y con frecuentes luchas internas. El reino del norte duró hasta el siglo VIII a. C. y el de sur, hasta el siglo VI a. C.

1.3. La misión de los profetas

Tanto los reyes de Israel como los de Judá olvidaban a menudo sus orígenes y se alejaban de la ley de Dios, arrastrando al pueblo con su ejemplo. Para denunciar la corrupción y la idolatría, y para mover a Israel a la fidelidad a la Alianza, Dios enviaba profetas que hablaban en su nombre, amenazaban con castigos materiales y despertaban la esperanza en la venida del Mesías. Sus palabras, recogidas en los libros de la Biblia, aportan mucho al conocimiento de Dios, que es paciente, justo y misericordioso con su pueblo.

Los profetas más destacados de esta época son **Elías,** su discípulo **Eliseo** y **Jonás,** en el reino del norte; **Isaías** y **Jeremías** en el reino de Judá. Todos tuvieron que sufrir la incomprensión y la persecución por parte de sus contemporáneos.

info

La esperanza en la Salvación

«Por los profetas, Dios forma a su pueblo en la esperanza de la Salvación, en la espera de una Alianza nueva y eterna destinada a todos los hombres, y que será grabada en los corazones. Los profetas anuncian una redención radical del Pueblo de Dios [...]. *Serán sobre todo los pobres y los humildes del Señor quienes mantendrán esta esperanza. Las mujeres santas como Sara, Rebeca, Raquel, Miriam, Débora, Ana, Judit y Ester conservaron viva la esperanza de la salvación de Israel. De ellas, la figura más pura es María»* (CEC, n.° 64).

Profeta Ezequiel (Capilla Sixtina), de M. Á. Buonarroti. Siglo XVI.

actividades

5. Investiga en qué libro de la Biblia podemos leer las actividades y enseñanzas de los profetas Elías y Eliseo.
6. Lee el primer capítulo del libro de Isaías (Is 1, 1-31). Yahvé, por medio del profeta, utiliza expresiones durísimas para denunciar la corrupción de Israel. Escribe las cinco frases que más te hayan llamado la atención por su dureza.
7. Lee el primer capítulo del libro de Jeremías (Jer 1, 1-19) e indica si estas afirmaciones son verdaderas o falsas.
   - **a** El texto ubica perfectamente al profeta Jeremías en el lugar y en el tiempo.
   - **b** Jeremías habla únicamente por iniciativa propia.
   - **c** Yahvé habla con claridad de las infidelidades de su pueblo.
   - **d** Yahvé habla solo de acontecimientos del pasado.

2. Quinta etapa: el exilio en Babilonia (siglo VI a. C.)

En el año 721 a. C. (siglo VIII), el **Imperio asirio** invadió el reino de Israel y lo convirtió en una provincia más de su extenso territorio. Una parte de la población fue deportada a Nínive, la capital de los asirios, y otra se dispersó por las regiones vecinas.

2.1. La destrucción de Jerusalén

El reino de Judá, gobernado por descendientes de David y Salomón, permaneció durante más tiempo. Algunos reyes intentaron reformar las costumbres, pero, en general, siguió viviendo de espaldas a la Alianza, sin atender la voz de los profetas, en especial **Jeremías,** que anunciaba la futura destrucción de Jerusalén.

En el año 587 a. C., **Nabucodonosor,** rey de **Babilonia** que acabó con la hegemonía asiria, invadió Jerusalén, destruyó el templo de Salomón, se llevó todos sus tesoros e incendió la ciudad. **Se desterró** al rey y a la mayoría de la población a la ciudad de Babilonia, capital del nuevo Imperio, en Mesopotamia.

2.2. Babilonia

La desgracia era total: el Pueblo de Dios se quedaba sin tierra, sin templo y sin libertad. Sin embargo, los cincuenta años que permaneció en Babilonia tuvieron una gran importancia en su historia, sobre todo desde el punto de vista religioso. Lejos de su tierra, los israelitas reflexionaron seriamente sobre su historia: Dios los había elegido, los había salvado de Egipto y los había llevado a la Tierra Prometida. Eran el Pueblo de Dios y, en cambio, ellos le habían sido infieles.

Durante el exilio, recopilaron las historias que se habían transmitido de padres a hijos desde tiempos de Abraham. Muchos libros de la Biblia se escribieron en Babilonia en estos años.

info

La ciudad de Babilonia

La ciudad de Babilonia, junto al río Éufrates, alcanzó un gran desarrollo cultural. La primera recopilación de leyes de la humanidad se debe al rey Hammurabi. Famosa por sus palacios, en Babilonia se construyeron templos escalonados de hasta setenta metros de altura, los zigurats. Observando las estrellas, sus sabios impulsaron el desarrollo de la astronomía: dividieron el año en doce meses; los meses, en semanas de siete días y los días, en dos partes de doce horas cada una.

Detalle de la Puerta de Istar de la muralla de la ciudad de Babilonia. Fue construida por Nabucodonosor II en 575 a. C.

actividades

8. CL Lee atentamente las palabras que Dios dirige al profeta Jeremías en Jer 7, 25-27 y haz un breve comentario sobre ellas.

9. Señala el final más adecuado. El exilio en Babilonia fue una desgracia…

   a y supuso el fin de la religión judía.
   b pero hizo recapacitar al pueblo de Israel.
   c que hizo perder la fe a los judíos.
   d por no hacer caso a Jeremías.

10. CC Piensa alguna manera en la que se podría establecer un paralelismo entre la historia de Israel y la historia de cualquier persona.

2.3. El retorno

En Babilonia ocupó un lugar muy destacado el profeta **Ezequiel,** que animó a los exiliados a convertirse para estar en condiciones de regresar a Jerusalén. Comprendieron que la gloria de su Dios no estaba en el poder ni en la riqueza —como pensaban los otros pueblos—, sino en la rectitud del corazón y en la fidelidad a la Ley.

Pasaron cincuenta años y el **Imperio persa** pasó a dominar todo Oriente Medio. Cuando **Ciro el Grande,** rey de los persas, conquistó Babilonia y descubrió la presencia de los israelitas, les permitió regresar a Jerusalén para reconstruir el templo y la ciudad. Los que volvían a Jerusalén pertenecían a la tribu de Judá, por eso, desde entonces, se los llamó también judíos.

Aunque carecían de independencia política, bajo el dominio persa los judíos vivían en paz, y pudieron reconstruir el templo y las murallas de la ciudad. **Esdras,** un sacerdote y escriba, y **Nehemías,** un funcionario real, dirigieron las operaciones de restauración, así como la reorganización religiosa y social del pueblo judío.

Cuando terminaron las obras, se leyó solemnemente y se explicó a todo el pueblo congregado en el templo el libro de la Ley. Se renovó la Alianza del Sinaí y se celebró una gran fiesta.

info

El Señor es el Pastor

Así les dice el Señor Dios: [...] *«Yo defenderé mi rebaño y no será ya objeto de pillaje. Yo juzgaré entre oveja y oveja. Suscitaré un único pastor que las apaciente: mi siervo David; él las apacentará, él será su pastor. Yo, el Señor, seré su Dios, y mi siervo David, príncipe en medio de ellos. Yo, el Señor, he hablado. Estableceré con mi rebaño una Alianza de paz: exterminaré los animales dañinos de la tierra para que pueda habitar seguro en el desierto y dormir en los bosques»* (Ez 34, 20-25).

Detalle de un bajorrelieve en el que se representa el pago de tributos al Rey persa. Se encuentra en el salón del trono del Palacio de las 100 columnas (Persépolis, capital del primer Imperio persa, en el actual Irán).

actividades

11. CL Escribe tres enunciados que relacionen, de dos en dos, estos seis nombres propios.

Ciro, Babilonia, Nabucodonosor, Ezequiel, Jerusalén, Jeremías.

12. ¿Cuál de los siguientes hechos históricos o personajes no tiene relación con el resto?

a La caída del reino del norte.
b Nabucodonosor.
c La deportación a Babilonia.
d El profeta Elías.
e La reconstrucción del templo.

13. ¿A quién se refieren las palabras de Ezequiel en Ez 34, 23-24? Razona tu respuesta.

3. Sexta etapa: el judaísmo (siglo VI a. C.-año 70 d. C.)

Después del retorno, los israelitas llevaron una vida más pura y más religiosa. La mayoría vivía según la ley del Señor y le rendía culto en el templo, a pesar de ser solo una provincia del Imperio persa.

Este período se denomina **judaísmo,** porque es la época en que se fija la práctica de la religión judía, aunque esta tenga su origen en los tiempos de Moisés. Se establece el culto en el templo y las grandes fiestas del calendario, se organizan las sinagogas como lugares de reunión y celebración de la fe, y se instituye el Sanedrín como tribunal religioso y asamblea representativa del pueblo.

En esta época se forman definitivamente muchos libros de la Biblia que recopilan las tradiciones históricas, las enseñanzas de los profetas y la sabiduría de Israel.

3.1. La resistencia

Pasaron los años y los persas fueron vencidos por el ejército imparable de **Alejandro Magno,** que dominó Oriente Próximo. Alejandro respetaba las religiones locales de los pueblos a los que conquistaba, pero sus sucesores no actuaron del mismo modo. Uno de ellos, el rey **Antíoco,** saqueó el templo de Jerusalén y colocó en él una estatua de Zeus para imponer las costumbres y los dioses helénicos.

Al intentar obligar a los judíos a desobedecer expresamente los mandatos de la ley de Dios, Antíoco encontró una fuerte resistencia. Muchos hombres y mujeres murieron heroicamente por ser fieles a sus principios. Otros, como **Judas Macabeo** y sus hermanos, se organizaron y se enfrentaron al ejército hasta derrotarlo. De este modo, los judíos recuperaron su libertad política y pudieron restaurar el culto en el templo.

Detalle de un monumento a Alejandro Magno (Skopie, Macedonia). Las invasiones y destierros sufridos por el pueblo judío a lo largo de su historia, provocaron la dispersión de muchos israelitas por diversos países del Mediterráneo: es el fenómeno que se conoce como diáspora.

actividades

14. CC Busca en los evangelios pasajes en los que aparezcan estos elementos de la religión judía.

a El culto en el templo. **b** Una fiesta religiosa. **c** La sinagoga. **d** El Sanedrín.

15. Alejandro no fue el primero en conquistar la tierra de Israel. Escribe, por orden, los sucesivos Imperios que dominaron la tierra de Canaán, desde la época de la monarquía.

16. CS Leed 2 Mac 7, investigad y anotad las diferencias que encontréis entre este relato y el martirio de algún cristiano de la época romana.

3.2. La esperanza del Mesías

Pero la independencia que consiguieron los macabeos duró poco tiempo. Debido a continuas luchas internas y a desórdenes en el gobierno, en el año 63 a. C. las tropas romanas llegaron a la tierra que llamaron Palestina y la convirtieron en una provincia de su gran Imperio.

Roma nombró a un rey extranjero, **Herodes,** que, para ganarse el favor de los judíos, reconstruyó y engrandeció el templo de Jerusalen; asimismo, emprendió muchas otras obras públicas.

Los profetas habían hablado de la futura llegada de un **Mesías,** un descendiente de David que liberaría a Israel de sus enemigos e instauraría definitivamente el Reino de Dios: una Nueva Alianza en la que cabrían todos los pueblos.

En esta época, muchos consideraban que su llegada era inminente y había una gran expectación. Unos esperaban que fuera un jefe militar que liberara al pueblo del dominio extranjero. Otros, más atentos a las enseñanzas de la Palabra de Dios, confiaban en un Mesías de carácter más espiritual. La Biblia los llama «resto de Israel» o «pobres de Yahvé». Entre ellos se encontraban María y José, en cuya familia nacería Jesús.

En efecto, el nacimiento de **Jesús** en Belén, la ciudad de David, tuvo lugar bajo el Gobierno del emperador **Augusto.** Dios envió a **Juan el Bautista** —el último de los profetas— para anunciar la inminente llegada del Mesías y llamar a todos a la conversión.

Se acercaba el momento culminante de la historia de la Salvación que da sentido a la historia de Israel. La misión de Jesús es el final del Antiguo Testamento y el inicio del Nuevo, porque él establecerá la **Nueva Alianza** de Dios con toda la humanidad.

info

La destrucción de Jerusalén

En el año 70 d. C., las legiones romanas del futuro emperador Tito destruyeron la ciudad y el templo de Jerusalén, tras un prolongado asedio. La ciudad había sido ocupada en el año 66 por la resistencia judía. La guerra, descrita con detalle por el historiador judío Flavio Josefo, fue tremendamente violenta y originó más de un millón de muertos. En el arco de Tito, en Roma, se representan estos hechos.

El arco de Tito, situado en Roma, fue construido poco después de la muerte del emperador. Conmemora la represión de la revuelta de los judíos en el año 67.

actividades

17. Señala las afirmaciones correctas.

a Judas Macabeo reconstruyó el templo de Jerusalén. **b** Los romanos nombraron rey a Herodes. **c** Alejandro Magno impuso los dioses griegos a los judíos. **d** Juan el Bautista fue el último profeta, antes de la llegada de Jesús.

18. ¿Cuál de estas preguntas tiene como respuesta «Palestina»?

a ¿Cómo se llamaba la esposa del rey Herodes? **b** ¿Cómo llamó Alejandro Magno al territorio de Judá? **c** ¿De qué modo llamaron los romanos al país de los israelitas? **d** ¿Qué nombre dio a su reino el rey Herodes?

19. Explica qué se afirma en las siguientes profecías, en quién y cómo se cumplieron.

a Miq 5, 1. **b** Is 35, 4-6. **c** Sal 21.

fe y vida

David, de L. Bernini. Siglo XVII. *Yo suscitaré descendencia tuya después de ti. Al que salga de tus entrañas le afirmaré su reino. Será él quien construya una casa a mi nombre y yo consolidaré el trono de su realeza para siempre* (2 Sam 7, 12-13).

David y Goliat

En la Sagrada Escritura hay pocas escenas comparables al combate a muerte entre David, un pastorcillo de muy corta edad, y Goliat, el más temido guerrero del ejército filisteo y un auténtico gigante.

Verdaderamente, la escena parece sacada de una película épica. Pero, más allá de la fuerza visual y del dramatismo de la acción, este pasaje encierra una lección —como siempre ocurre en la Biblia— y la clave para descubrirla es la figura de Jesús.

David es solo un pastor de ovejas. Es débil a los ojos del mundo, pero su fe y su amor son grandes: *Tú* [le dice a Goliat] *vienes contra mí con espada, lanza y jabalina. En cambio, yo voy contra ti en nombre del Señor del universo* (1 Sam 17, 45).

David cuenta con el favor de Dios y triunfa al liberar al pueblo de Israel de sus opresores. Donde los poderosos guerreros judíos han fracasado, vence el humilde y débil, porque confía solo en Dios.

David es la figura del mismo Jesús que, mil años después, nacería de uno de sus descendientes (san José), en su ciudad de origen (Belén), tal y como Dios se lo había prometido por medio del profeta Natán.

Las figuras de David y Jesús están unidas por más lazos que los de la genealogía. En el momento culminante de su pasión en la cruz, Jesús utilizó las palabras de un salmo escrito por David para expresar, poco antes de morir por nuestros pecados, su identificación con la voluntad del Padre.

mejora tus competencias

1. CA Investigad y averiguad a qué salmo se hace referencia en el último párrafo del texto. Leedlo y contestad a las preguntas.

- **a** ¿Qué son los salmos? ¿Qué expresan?
- **b** ¿Qué versículos del salmo se pueden aplicar a Jesús durante su pasión?
- **c** ¿En qué textos evangélicos se encuentran realizadas esas profecías sobre la Pasión?
- **d** ¿Qué enunciados del salmo aplicaríais a la Iglesia?
- **e** ¿Qué versículo del Nuevo Testamento se hace eco del versículo 2 de este salmo? Copiadlo en vuestro cuaderno y explicad por qué pronunció Jesús esas palabras.

2. CL Busca en el libro de los Proverbios y explica el significado de las siguientes máximas.

a 12, 1. **b** 12, 18. **c** 13, 1. **d** 19, 17. **e** 15, 1. **f** 21, 13.

fe y cultura

Las festividades judías

A lo largo del año, los judíos celebran una serie de fiestas religiosas que, en su mayoría, tienen que ver con episodios de su historia, porque es precisamente en los acontecimientos históricos donde Israel reconoce la manifestación de Dios y su protección.

Pesah (Pascua)

Se celebra la liberación de la esclavitud de Egipto en tiempos de Moisés. En la cena pascual, cada alimento recuerda algún aspecto de aquel acontecimiento y se come siguiendo un orden determinado. El cabeza de familia relata la salida de Egipto y hace diversas bendiciones y plegarias.

Shavuot (Pentecostés)

Cincuenta días después de la Pascua, se celebra la entrega de la Ley a Moisés y la Alianza del Sinaí. También se da gracias por la cosecha de cereales. Esta celebración tiene un aire especialmente festivo y alegre.

Tisha Be Av

Es un día de ayuno y de luto por la destrucción del templo, primero, a manos de los babilonios y después, de los romanos, en el año 70 d. C.

Ros-Hasana (Año Nuevo)

Marca el inicio del año judío y de una nueva relación con Dios, en recuerdo de la Creación. Son diez días de reflexión y arrepentimiento que culminan con el ***Yom Kippur,*** un día de ayuno, penitencia y purificación espiritual.

Sukkot (Fiesta de los Tabernáculos o las Cabañas)

Se celebra la protección de Dios mientras Israel vivió en el desierto. Durante la fiesta, se vive en cabañas de ramas. También es un día de acción de gracias por las cosechas.

Hanukkah (Fiesta de las Luces)

Se celebra la purificación del templo tras la victoria sobre los griegos en su intento de destruir la religión judía. En las casas se enciende un candelabro de nueve brazos, llamado *hanukkah,* que da nombre a la fiesta.

Celebración familiar del *Hanukkah.*

mejora tus competencias

3. CC CS Elaborad un cartel informativo sobre las actuales comunidades judías en España y, si existen, en vuestra comunidad autónoma.

a Podéis iniciar la búsqueda de información en la página web de la Federación de Comunidades Judías de España y, desde ella, continuar con las de vuestra ciudad o comunidad autónoma.

b El cartel debe informar sobre la presencia y la actividad de las comunidades judías en España mediante datos estadísticos, instituciones, mapas, fotografías, etcétera.

4. CD CC A partir de esas mismas fuentes, averiguad cuál es la próxima fiesta o conmemoración judía en el calendario y buscad información sobre ella en alguno de los sitios web que hayáis consultado.

5. CS En esas mismas páginas encontrarás información sobre el antisemitismo. Escribe un breve artículo en el que expliques las manifestaciones del antisemitismo, sus causas y la actitud, en general, de las comunidades judías ante este hecho. Añade tu valoración personal sobre el tema.

síntesis

HISTORIA DE ISRAEL (II)		
Etapas	**Hechos**	**Personajes**
Monarquía (siglos XI-VI a. C.)	• Unción de Saúl, David y Salomón • Establecimiento de la capital en Jerusalén • Promesas mesiánicas a David • Construcción del Templo • División del Reino de Israel • Infidelidad a la Alianza • Actividad de los profetas	• Samuel • Saúl • David • Salomón • Elías • Eliseo • Isaías
Exilio en Babilonia (siglo VI a. C.)	• Destrucción de Jerusalén • Exilio en Babilonia • Reflexión y conversión • Redacción de los primeros libros de la Biblia	• Jeremías • Nabucodonosor • Ezequiel • Daniel
Judaísmo (siglos VI a. C.- I d. C.)	• Retorno a Jerusalén • Reconstrucción del templo y renovación de la Alianza • Resistencia frente a los griegos • Conquista de Roma	• Ciro el Grande • Esdras • Nehemías • Judas Macabeo • Juan el Bautista

si me preguntan, qué respondo

¿Qué unidad existe entre el Antiguo y el Nuevo Testamento?

La Escritura es una porque es única la Palabra de Dios, único el proyecto salvífico de Dios y única la inspiración divina de ambos Testamentos. El Antiguo Testamento prepara el Nuevo, mientras que este da cumplimiento al Antiguo: ambos se iluminan recíprocamente (Compendio del CEC, n.º 23).

¿Cuáles han sido las preparaciones históricas a los misterios de Jesús?

Ante todo, hay una larga esperanza de muchos siglos, que revivimos en la celebración litúrgica del tiempo de Adviento. Además de la oscura espera que ha puesto en el corazón de los paganos, Dios ha preparado la venida de su Hijo mediante la Antigua Alianza, hasta Juan el Bautista, que es el último y el mayor de los profetas (Compendio del CEC, n.º 102).

¿Por qué el Hijo de Dios se hizo hombre?

El Hijo de Dios se encarnó en el seno de la Virgen María, por obra del Espíritu Santo, por nosotros los hombres y por nuestra salvación: es decir, para reconciliarnos con Dios, darnos a conocer su amor infinito, ser nuestro modelo de santidad y hacernos partícipes de la naturaleza divina (Compendio del CEC, n.º 85).

aCtividadeS

1. **Ordena cronológicamente los siguientes hechos históricos.**

a Nacimiento del Mesías. **b** Exilio en Babilonia. **c** Alianza del Sinaí. **d** Elección de Abraham. **e** Construcción del templo de Jerusalén.

2. **¿A quién se refiere cada enunciado?**

a Ungió a los primeros reyes de Israel.
b Engrandeció el reino de Israel.
c Dios le otorgó una gran sabiduría.
d Organizó la reconstrucción del templo al regreso del exilio.
e Dirigió la revuelta contra la tiranía griega.
f Fue el último profeta de Israel.

3. **CC** **Escribe un breve enunciado para situar en la historia de Israel a cada uno de estos personajes de la historia universal.**

a Nabucodonosor. **b** Ciro el Grande. **c** Alejandro Magno.
d Antíoco IV Epífanes. **e** Herodes el Grande. **f** Tito.

4. **Corrige los errores de estas afirmaciones.**

a David fue coronado rey después de vencer a Saúl. **b** Samuel trasladó a Jerusalén el arca de la Alianza. **c** Salomón reconstruyó el templo tras el destierro en Babilonia. **d** Los profetas Elías y Eliseo predicaban en Jerusalén. **e** Los macabeos se rebelaron contra el poder romano.

5. **Completa.**

a Jesucristo nació bajo el Gobierno del rey [...] en tiempos del emperador [...]. **b** Jesús era descendiente de [...], de la tribu de [...]. **c** [...] anunció la llegada del Mesías llamando a todos a la [...]. **d** La misión de Jesús es el final del [...] y el inicio del Nuevo, al establecer una [...] con toda la humanidad.

6. **CA** **Completad la línea del tiempo iniciada en la unidad anterior con las etapas tratadas en esta unidad, teniendo en cuenta las indicaciones que siguen.**

a A partir de la etapa de la monarquía, las fechas históricas son mucho más precisas que en épocas anteriores.

b Buscad en internet los mapas de los Imperios que dominaron Israel para situarlos en el momento correspondiente.

c Consideramos que el final de la etapa del judaísmo se sitúa en el año 70 d. C., con la destrucción del templo de Jerusalén.

d Situad los años de la vida de Jesús entre el 4 a. C. y el 30 d. C.

e Finalmente, añadid en cada etapa los libros de la Biblia que narran los acontecimientos. Podéis escribir el nombre del libro junto al dibujo de un rollo bíblico.

- **Patriarcas:** Génesis.
- **Éxodo:** Éxodo, Números, Deuteronomio.
- **Jueces:** Josué, Jueces, 1 Samuel.
- **Monarquía:** 1 y 2 Samuel, 1 y 2 Reyes, 1 y 2 Crónicas.
- **Exilio:** 2 Reyes, 2 Crónicas.
- **Judaísmo:** Esdras, Nehemías, 1 y 2 Macabeos, evangelios.

4 El Nuevo Testamento

interpretamos

1. ¿Qué ponen de manifiesto los gestos y las palabras del sacerdote al empezar y al terminar la lectura de los evangelios en la Misa?
2. La Iglesia recomienda a los fieles leer los evangelios y meditar sobre ellos. ¿Cómo podría hacer esto un cristiano de modo más práctico?

Mc 16, 15; Hch 10, 37-43;
Hch 8, 17; Hch 11, 20-24

Anuncio y testimonio

1. La plenitud de la Revelación

Jesús predica junto al mar de Galilea, de J. J. Tissot. Siglo XIX. Jesucristo confió el anuncio del Evangelio a todos sus discípulos, pero de un modo especial a los doce Apóstoles.

La Revelación divina se realizó poco a poco, gradualmente. Durante muchos siglos, Dios había ido mostrando su plan al pueblo de Israel. Los profetas habían anunciado la llegada de un Mesías salvador que libraría al pueblo de sus pecados y reconciliaría a todos los hombres con Dios.

Juan el Bautista comenzó a bautizar en el río Jordán y a proclamar que el Mesías estaba a punto de llegar. Y así fue. Un día, Jesús fue al encuentro de Juan para que lo bautizara y se manifestó como el Mesías, el Hijo de Dios hecho hombre. Con la venida del Hijo y el don del Espíritu Santo, **la Revelación divina se había cumplido plenamente.**

Jesús transmitió esta Revelación plena a los Apóstoles y a los discípulos. Antes de subir al cielo, expresó un claro mandato: *Id, pues, y haced discípulos a todos los pueblos, bautizándolos en el nombre del Padre y del Hijo y del Espíritu Santo; enseñándoles a guardar todo lo que os he mandado* (Mt 28, 19-20).

En efecto, los Apóstoles transmitieron todo lo que habían recibido de Jesucristo y habían aprendido del Espíritu Santo a sus sucesores —los obispos— y, a través de ellos, a todas las generaciones hasta el fin de los tiempos.

Esta difusión del mensaje de Jesús se ha llevado a cabo desde los comienzos del cristianismo gracias a la predicación y al testimonio de los Apóstoles, las instituciones, el culto y los escritos inspirados: es la **Tradición Apostólica** (Compendio del CEC, n.º 12). La Iglesia ha conservado y ha enseñado siempre la Tradición Apostólica a través de su **Magisterio*.**

vocabulario

Magisterio de la Iglesia: conjunto de enseñanzas de los Apóstoles y de sus sucesores –el Papa y los obispos–, que ejercen la misión de enseñar que les ha confiado Jesucristo.

Las profecías se han cumplido.
Escenas de la película *Jesús de Nazaret* (1977).

actividades

1. ¿Hay que esperar una nueva Revelación de Dios? Razona tu respuesta.
2. Completa la siguiente definición.

   La Tradición Apostólica es la [...] del mensaje de [...] llevada a cabo, desde los [...] del cristianismo, por la predicación, el [...], las instituciones, el [...] y los [...] inspirados.
3. CA Preparad un cuadro sinóptico que refleje gráficamente qué es y qué comprende la Tradición Apostólica. Acompañadlo de un breve texto explicativo. Podéis leer los números correspondientes del Compendio del CEC.

2. La predicación apostólica

Dios *quiere que todos los hombres se salven y lleguen al conocimiento de la verdad* (1 Tim 2, 4). Por eso, Jesucristo llamó a doce de entre sus discípulos y los constituyó en testigos y depositarios de sus enseñanzas. Fieles al mandato misionero que habían recibido de Jesús, los Apóstoles predicaron la Buena Nueva.

La transmisión del Evangelio, según el mandato del Señor, se hizo de dos modos:

- **Oralmente.** Cada apóstol enseñaba lo que había visto y oído a Jesús. Este era el modo en que se evangelizaba, con la palabra y su vida ejemplar.

  En aquellos tiempos, la transmisión oral era tan importante y fidedigna como la escrita; incluso, tenía más autoridad, ya que la información llegaba por boca de testigos directos y de los discípulos que acompañaron a Jesús.

- **Por escrito.** El afán evangelizador de los Apóstoles y sus discípulos los llevó a formar comunidades cristianas en el Imperio romano. En algunos casos, un apóstol o un discípulo, inspirado por Dios, se decidía a poner por escrito aquello que habitualmente enseñaba sobre la vida y el mensaje de Jesús, para una comunidad.

  Así nació el Nuevo Testamento, en el que se recogen los escritos apostólicos que anuncian el Evangelio de Jesús (CEC, n.º 76).

La acción de los Apóstoles concluyó con la muerte del último de ellos, Juan, a principios del siglo II. Por eso, todos los textos escritos que recogen las enseñanzas de Jesús se redactaron durante el siglo I de nuestra era. La lengua que se usó fue el griego, idioma común en el Imperio romano en aquella época.

«La Iglesia mantiene firmemente que los cuatro evangelios [...] comunican fielmente lo que Jesús, Hijo de Dios, viviendo entre los hombres, hizo y enseñó realmente para la salvación de ellos, hasta el día en que fue levantado al cielo» (CEC, n.º 126).

info

Palabra de Dios

Así habló Jesús y, levantando los ojos al cielo, dijo: «Padre [...] he manifestado tu nombre a los que me diste de en medio del mundo. [...] Ahora han conocido que todo lo que me diste procede de ti, porque yo les he comunicado las palabras que tú me diste, y ellos las han recibido, y han conocido verdaderamente que yo salí de ti, y han creído que tú me has enviado» (Jn 17, 1-8).

San Marcos, de J. Leonardo. Siglo XVII.
Los Apóstoles transmitieron, con su palabra y con el ejemplo de su vida, lo que habían aprendido de Cristo y recibido del Espíritu Santo.

actividades

4. Completa el siguiente texto del CEC (n.º 96).

Lo que Cristo confió a los [...], estos lo transmitieron por su [...] y por [...], bajo la inspiración del [...], a todas las generaciones, hasta el retorno glorioso de [...].

5. ¿Por qué fue importante la predicación oral de los Apóstoles? ¿Cómo ejerce ahora la Iglesia su Magisterio? Poned ejemplos.

6. CC ¿En qué período se escribieron los textos apostólicos? ¿Qué lengua se utilizó? Explica el porqué, tanto de la fecha como del uso de esa lengua.

3. El depósito de la fe

La Vida se hizo visible, y nosotros hemos visto, damos testimonio y os anunciamos la vida eterna que estaba junto al Padre y se nos manifestó. [...] Os escribimos esto, para que nuestro gozo sea completo (1 Jn 1, 1-4).

Jesús no dejó nada escrito. Su misión consistió en predicar la Buena Nueva y formar un grupo de discípulos a quienes constituyó en fundamentos de su Iglesia. Para que el Evangelio se conservara siempre vivo y completo, los doce Apóstoles nombraron como sucesores a los **obispos,** a los que confiaron la misión de enseñar.

Esta transmisión viva y continua de la Palabra de Dios, llevada a cabo gracias a la sucesión apostólica, se domina **Tradición,** en cuanto que es distinta de la **Sagrada Escritura.** Así, la Palabra de Dios, que Cristo encomendó a sus Apóstoles, sus sucesores la reciben íntegra e iluminados por el Espíritu Santo, la conservan, la exponen y la difunden.

La Tradición y la Sagrada Escritura están **íntimamente unidas y compenetradas entre sí.** Ambas tienen el mismo origen, Dios, y un mismo fin: hacer presente y fecundo entre los hombres a Jesucristo. En efecto, **Tradición y Sagrada Escritura constituyen un solo y sagrado depósito de la fe** (Compendio del CEC, n.° 14).

En los primeros tiempos de la Iglesia, las únicas Escrituras eran los libros del Antiguo Testamento. Pero la fuerza de la vida y del mensaje de Jesús hizo que, poco a poco, tomase forma un nuevo conjunto de libros que recogía por escrito sus hechos y sus palabras. A estos se añadieron algunas enseñanzas de los Apóstoles y de otros varones apostólicos. Este conjunto de libros es el **Nuevo Testamento*.**

La autoridad de los escritos de los Apóstoles y de sus discípulos directos nace del hecho de que la Iglesia los ha acogido como inspirados por Dios, no por quienes han sido sus redactores materiales, lo mismo que sucede con los demás escritos de la Biblia.

vocabulario

Nuevo Testamento: conjunto de libros inspirados por Dios que recoge los hechos y las palabras de Jesús, así como algunos escritos de los Apóstoles y de otros varones apostólicos.

info

El Magisterio de la Iglesia

El Magisterio enseña la verdad sobre la Sagrada Escritura y la Tradición a todos los fieles a través de los siglos. Para ello, el Magisterio de la Iglesia tiene una especial ayuda del Espíritu Santo, como prometió Jesús (Jn 14, 23-25). Todo el Pueblo de Dios, guiado por el Magisterio, acoge la Revelación divina, la comprende cada vez mejor y la aplica a la vida (Compendio del CEC, n.° 15).

actividades

7. Explica el sentido de esta afirmación.

La Tradición y la Sagrada Escritura están íntimamente unidas y compenetradas entre sí.

8. CL Lee Mt 28, 18-20 y escribe un breve comentario sobre el significado de estas palabras de Jesús.

9. Ordena el siguiente texto.

dos modos: con la transmisión viva / La Tradición Apostólica se realiza de / de la Palabra de Dios (también / la Sagrada Escritura, que es el mismo anuncio / llamada, simplemente, Tradición) y con / de la Salvación puesto por escrito.

4. Los libros del Nuevo Testamento

El Nuevo Testamento se compone de 27 libros aceptados por todos los cristianos. Estos libros se agrupan en los tres bloques que siguen, caracterizados por un género literario concreto.

I. Género histórico

Los evangelios. Son el núcleo principal del Nuevo Testamento y narran la vida y las enseñanzas de Jesús, su pasión, muerte, resurrección y ascensión al cielo. Son cuatro: según san Mateo (apóstol), san Marcos (discípulo de san Pedro), san Lucas (discípulo de san Pablo) y san Juan (apóstol).

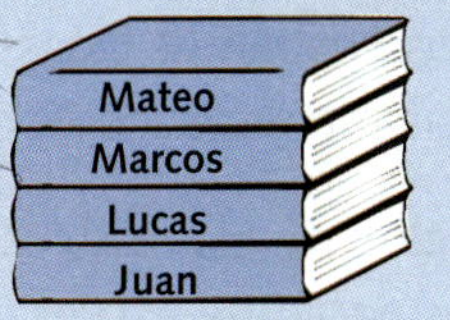

Hechos de los Apóstoles. Cuentan el modo en que los Apóstoles cumplieron el mandato misionero y la ayuda que tuvieron del Espíritu Santo en la expansión de la Iglesia. Su autor es san Lucas.

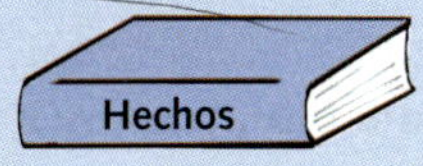

II. Género epistolar

Son varias colecciones de cartas de los Apóstoles a comunidades concretas.

Cartas de san Pablo. Constituyen el primer grupo, que también es el más numeroso. Son 13, ordenadas de mayor a menor extensión.

Carta a los hebreos. Se desconoce su autor, si bien es muy próximo a san Pablo.

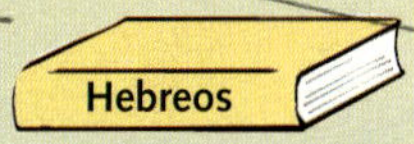

Cartas católicas. Se trata de siete cartas, llamadas de este modo por no dirigirse a una comunidad concreta. Una es de Santiago, dos son de Pedro, tres son de Juan y una es de Judas; todos son Apóstoles.

III. Género profético

Apocalipsis (o Revelación) de san Juan. El Nuevo Testamento se cierra con este libro, cuya finalidad es alentar a los cristianos en tiempos difíciles de la Iglesia para que sean fieles hasta la venida gloriosa de Jesucristo, al final de los tiempos. Está lleno de imágenes y símbolos fascinantes.

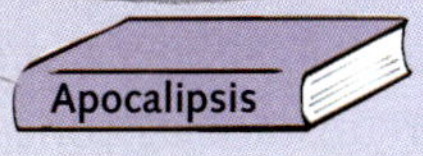

Este canon de libros se fijó en los primeros siglos de la Iglesia. Si algún grupo religioso considera que el Antiguo Testamento está por encima del Nuevo Testamento, o si necesita otro libro como clave para interpretar a Jesús y al Nuevo Testamento, podemos deducir que no se trata de una comunidad cristiana, sino de una secta que se sirve de elementos cristianos.

PDF **El vidente de Patmos, autor del Apocalipsis.**

actividades

10. Relaciona cada libro o grupo de libros con la característica que le corresponda.

a Evangelios. **b** Hechos de los Apóstoles. **c** Cartas de san Pablo. **d** Cartas católicas. **e** Apocalipsis.

1 No se dirigen a una comunidad concreta. **2** Su finalidad es alentar en los tiempos difíciles de la Iglesia.
3 Son 13. **4** Cuentan la vida y las enseñanzas de Jesús. **5** Narran la primera expansión de la Iglesia.

11. Leed y comentad el inicio del Apocalipsis (1, 1-8), exponiendo el significado de cada uno de sus versículos.

12. CL Escribe tu propia definición de Nuevo Testamento que incluya los siguientes términos: inspirados, hechos, palabras, Jesús, Apóstoles, varones apostólicos.

5. La formación de los evangelios

¿Cómo se formaron los evangelios?

Los cuatro evangelios constituyen el corazón de las Escrituras (Compendio del CEC, n.º 22), ya que son el principal testimonio de la vida y las enseñanzas de Jesucristo. Tradicionalmente, estos cuatro libros se han atribuido a san Mateo, san Marcos, san Lucas y san Juan. No obstante, lo importante es que:

- **Tienen un origen apostólico,** es decir, sus autores recibieron con fe y con fidelidad las tradiciones de los primeros cristianos. Estas tradiciones se remontan hasta los testigos presenciales y, principalmente, a los Apóstoles.
- **Se escribieron bajo la inspiración divina,** esto es, Dios iluminó la inteligencia y movió la voluntad de sus autores para que expresaran la verdad que él mismo quería transmitir.

Es posible distinguir **tres momentos** o etapas en su formación:

1. **La vida y las enseñanzas de Jesús.** Los evangelios no pretenden demostrar que Jesús existió, pues mucha gente lo conoció directamente y creyó en él. Esta fe se hizo mucho más profunda después de su resurrección y con la venida del Espíritu Santo.
2. **La tradición cristiana oral.** Los discípulos de Jesús predicaban todo lo que habían visto y oído: las parábolas de Jesús, sus milagros y, en particular, su resurrección. Con su vida santa, mostraban que la doctrina que enseñaban venía del cielo.
3. **La redacción de los evangelios.** Ocurrió entre los años 60 y 95 del siglo I. Los evangelistas se documentaron, sintetizaron y escogieron entre los muchos relatos y recuerdos, los explicaban si era necesario y los aplicaron a las circunstancias concretas de sus lectores. Como hombres de fe y hombres de Iglesia, escribieron para la comunidad de los creyentes.

El papiro P52.

Los cuatro evangelistas, de J. Jordaens. Siglo XVII.
La enseñanza de Jesús y la predicación oral de los Apóstoles precedieron a los evangelios escritos.

actividades

13. Anota lo principal de cada una de las etapas en que se formaron los evangelios.

14. ¿Cuál es la diferencia fundamental entre el Antiguo y el Nuevo Testamento?

15. Completa la siguiente definición.

La inspiración es la [...] del Espíritu Santo a un escritor sagrado para que escriba sin [...] lo que [...] quiere comunicar a los [...].

6. La formación del canon

Los primeros cristianos, además de escuchar con atención los evangelios, recibían con gozo noticias o cartas de los Apóstoles y de los misioneros que habían fundado su comunidad o servido en ella durante algún tiempo. Así se fueron copiando, difundiendo y coleccionando escritos de varios Apóstoles, como Pedro, Santiago, Judas, Juan y, sobre todo, Pablo, el gran misionero, cuyos viajes narra san Lucas en los Hechos de los Apóstoles.

Al guardar y transmitir estos escritos, la diversas Iglesias no solo se reconocían aisladamente como seguidoras de Jesús o vinculadas a un apóstol concreto, sino que, además, tenían conciencia de que formaban parte de la Iglesia universal fundada por Jesucristo. Así pues, estos escritos tenían una **dimensión universal,** aunque hubieran nacido por una circunstancia concreta. De este modo, se fue configurando la lista o el canon de los libros del Nuevo Testamento, que gozaron de la máxima autoridad en la Iglesia desde el siglo II.

La palabra *canon* significa 'medida' o 'regla'. Cuando hablamos de **canonicidad** de las Sagradas Escrituras —del Antiguo y del Nuevo Testamento—, nos referimos al conjunto exacto de los libros inspirados que forman parte de la Biblia, tal como la Iglesia la ha reconocido oficialmente.

A finales del siglo IV, el canon era una lista obligatoria y totalmente cerrada que incluía los mismos libros que tenemos ahora. En el siglo XVI, el Magisterio de la Iglesia confirmó y definió como dogma de fe la lista de los libros canónicos que componen las Sagradas Escrituras en el **Concilio de Trento.** Tal canon comprende 46 libros del Antiguo Testamento y 27 del Nuevo (Compendio del CEC, n.º 20).

Reproducción de una página de un evangelio iluminado del siglo XII. En el medievo era habitual que estos códices presentasen unas tablas canónicas o índices donde se señalaban los pasajes correlativos de cada evangelio. Esto permitía que el lector pudiera compararlos más fácilmente.

info

Los evangelios apócrifos

Frente a los escritos que se leían en toda la Iglesia y se utilizaban en la liturgia y en la catequesis, en la Antigüedad también surgieron otros textos para unos pocos, sectarios o iniciados. Se llamó a estos escritos apócrifos, porque se dirigían a un grupo particular o a una secta. Lógicamente, los evangelios apócrifos están excluidos del canon de la Biblia.

El «evangelio» de Judas.

actividades

16. Reflexionad y responded. ¿Por qué una carta concreta, escrita por un apóstol para una comunidad determinada, llegaba a tener valor universal para todas las comunidades cristianas?

17. ¿De qué estamos hablando?

- **a** Conjunto de textos sagrados que la Iglesia considera que están inspirados por Dios.
- **b** Narraciones de la vida de Jesús que la Iglesia no admite como canónicas.
- **c** Concilio en el que se definió como verdad de fe el canon de las Sagradas Escrituras.

7. La inspiración del Nuevo Testamento

info

Las memorias de los Apóstoles

A mediados del siglo II, san Justino describió la Eucaristía del domingo y mencionó que, durante el tiempo que podían, leían los escritos de los profetas y los recuerdos de los Apóstoles (CEC, n.º 1 345). Antes de que finalizase ese siglo, todos los cristianos habían aceptado los cuatro evangelios que tenemos y rechazaron otros que habían surgido.

Los evangelios y los demás escritos se fueron difundiendo rápidamente a pesar de que había que copiarlos a mano con toda fidelidad, uno a uno. Se extendieron entre las comunidades cristianas, se usaron en las catequesis y en la liturgia, y sirvieron para educar la fe de todos los cristianos.

La Iglesia siempre ha creído que cada autor de un libro del Nuevo Testamento puso por escrito lo que Dios le inspiró. Sin embargo, esta asistencia del Espíritu Santo no ha eliminado las cualidades del escritor: su conocimiento de la lengua, su formación cultural o su particular estilo literario.

«Dios se valió de hombres elegidos, que usaban todas sus facultades y talentos; ellos, como verdaderos autores, pusieron por escrito todo y solo lo que Dios quería» (CEC, n.º 106). Probablemente, en ese esfuerzo al servicio de la fe, el autor no sintió una especial asistencia del Espíritu Santo, pero el hecho es que **Dios estaba actuando en él y por medio de él.**

La **inspiración** no consiste en que el autor entre en éxtasis o en trance, ni en que el Espíritu Santo le dicte palabra por palabra. El escritor humano o **hagiógrafo*** podía no ser consciente de la ayuda divina, pero lo que escribía era totalmente suyo y, a la vez, totalmente de Dios: eran **palabras divinas en palabras humanas.**

También hubo una asistencia especial de Dios en el hecho de que una Iglesia particular y otra y otra, y finalmente todas, **reconocieran la inspiración divina** de esos escritos y, por lo tanto, su carácter sagrado. Por eso se leyeron no solo en las catequesis, sino también en las reuniones litúrgicas, como se hacía con los libros del Antiguo Testamento.

actividades

18. **Indica cuáles de las siguientes afirmaciones son verdaderas y cuáles, falsas.**

- **a** La inspiración es una asistencia especial del Espíritu Santo.
- **b** El Espíritu Santo dicta al hagiógrafo lo que debe escribir.
- **c** El autor de los evangelios escribe palabras divinas a través de sus palabras humanas.
- **d** Solo Dios es el verdadero autor de los evangelios.

19. **Explica a tu manera en qué consiste la inspiración de los textos sagrados.**

20. CI ¿Qué actitudes ha de tener el cristiano ante el Nuevo Testamento? Poned ejemplos concretos.

8. La interpretación de las Escrituras

A veces, nos contentamos con conocer la historia del pueblo de Israel y no llegamos a captar el **sentido más profundo** de la Sagrada Escritura: la Palabra de Dios y su acción amorosa hacia los hombres, sobre todo, por medio de Jesucristo.

El cristianismo no es una religión del libro, sino del seguimiento de una persona viva. Cristo es quien da unidad a toda la Biblia. Es Jesucristo quien hace que setenta y tres libros escritos a lo largo de muchos siglos no sean un conjunto heterogéneo de obras, sino un solo libro sagrado.

Por tanto, no se puede interpretar bien un pasaje de la Biblia si se hace aisladamente, pues hay que leerlo en el **conjunto de todos los libros** (del canon bíblico), en la unidad del Antiguo y el Nuevo Testamento, y en coherencia con la fe y la Tradición de la Iglesia.

La interpretación auténtica del depósito de la fe corresponde solo al **Magisterio de la Iglesia,** es decir, al sucesor de Pedro, el Papa, y a los obispos en comunión con él (Compendio del CEC, n.° 16).

De este modo, la Sagrada Escritura se debe leer e interpretar con la ayuda del Espíritu Santo y bajo la guía del Magisterio de la Iglesia, según **tres criterios:**

- Atención al contenido y a la unidad de toda la Escritura.
- Lectura de la Escritura en la Tradición viva de la Iglesia.
- Respeto a la analogía de la fe, es decir, a la cohesión entre las verdades de la fe.

Además, Dios se ha servido de muchos modos de expresión humana, los diversos **géneros literarios:** histórico, poético, profético, sapiencial, parabólico, epistolar, etc. Es necesario conocerlos para descubrir la intención de los autores sagrados (CEC, n.° 110).

Con la ayuda del Espíritu Santo y las enseñanzas de la Iglesia, todos los fieles católicos conocemos la verdadera interpretación de las Sagradas Escrituras.

info

La unidad de las Sagradas Escrituras

«Generalmente, en el Nuevo Testamento no se usa el término "la Escritura", sino "las Escrituras", que son consideradas, en su conjunto, como la única Palabra de Dios dirigida a nosotros. Así, aparece claramente que quien da unidad a todas las "Escrituras" en relación a la única "Palabra" es la persona de Cristo» (Verbum Domini, *n.°39*).

La Iglesia, custodia e intérprete de las Escrituras.

actividades

21. Completa el siguiente texto: La interpretación auténtica del [...] de la fe corresponde solo al [...] de la Iglesia, es decir, al sucesor de [...], el [...], y a los [...] en comunión con él.

22. ¿Qué criterios se han de tener en cuenta para interpretar las Sagradas Escrituras? Explica el significado de cada uno de ellos.

23. CL Buscad pasajes de las Escrituras e identificad sus géneros literarios.

fe y vida

La lectura de la Biblia

A principios del año 304, el emperador **Diocleciano** impulsó una de las últimas persecuciones de cristianos. En **Abitene,** en el norte de África, unos cristianos fueron sorprendidos durante la celebración de la Eucaristía dominical y encarcelados. Se los torturó para que entregasen los libros sagrados que tuvieran y los quemaran públicamente.

Aquellos hombres y mujeres dijeron que, efectivamente, se habían reunido para escuchar las Sagradas Escrituras y dieron testimonio de su fe hasta el martirio. Uno de ellos, un sacerdote llamado **Ampelio,** dijo al procónsul: «Sí, yo me reuní con mis hermanos, celebré los misterios del Señor y tengo conmigo sus Escrituras, pero escritas en mi corazón». No es este un caso único en la historia.

Durante dos mil años, los cristianos hemos leído la Biblia para conocer la Revelación divina y, especialmente, a Jesucristo. «La Iglesia recomienda de modo especial e insistentemente a todos los fieles [...] la lectura asidua de las divinas Escrituras para que adquieran la ciencia suprema de Jesucristo, pues desconocer la Escritura es desconocer a Cristo» (CEC, n.° 133).

La lectura de la Biblia debe ser espiritual, hecha desde la fe, y litúrgica, con la disposición de celebrar esa palabra y dejarnos transformar por ella. La lectura de las divinas Escrituras, o *lectio divina*, requiere perseverancia y esfuerzo con la intención de creer en Dios y agradarle.

«Es, sobre todo, el Evangelio —escribía santa Teresa del Niño Jesús— lo que me ocupa durante mis oraciones; en él encuentro todo lo que es necesario a mi pobre alma. En él descubro siempre nuevas luces, sentidos escondidos y misteriosos».

«La lectura orante —personal y comunitaria— prepara, acompaña y profundiza lo que la Iglesia celebra con la proclamación de la Palabra en el ámbito litúrgico» (*Verbum Domini*, n.° 86).

mejora tus competencias

1. CA CL Haz un esfuerzo por leer las Sagradas Escrituras. Para eso, vamos a comenzar por el evangelio más corto, el de san Marcos.

   a Lee diariamente un capítulo completo del evangelio de san Marcos.
   b Ve haciendo breves resúmenes de lo que vayas leyendo, capítulo a capítulo.
   c Piensa en lo que vas leyendo y, aplicando los contenidos de esta unidad, redacta las conclusiones que saques.
   d Cuando hayas acabado la lectura del evangelio, reúne todos los comentarios en un solo libro, que se titulará «Mis comentarios sobre el evangelio de san Marcos».

2. CI ¿En qué momento de la Misa se leen las Sagradas Escrituras? Pensad de qué modo puede un cristiano aprovechar mejor esta parte de la Eucaristía.

fe y cultura

Jesucristo y el cine

El arte occidental está impregnado de motivos religiosos y bíblicos. Por eso, las distintas escenas de la vida de Jesús, en cuadros y esculturas, constituyen una parte importante de la iconografía cristiana. Lo mismo sucede con la literatura y con las representaciones musicales.

El nacimiento del séptimo arte no ha sido ajeno a esta tendencia. Una de las películas más importantes del cine mudo, *Intolerancia* (1916), de D. W. Griffith, incluía la pasión del Señor.

En la época de las grandes superproducciones americanas han destacado *Rey de reyes*, de N. Ray (1961); *La historia más grande jamás contada*, de G. Stevens (1965) y *La Biblia*, de John Huston (1966).

Más hija de la época que de los evangelios fue la película *Jesucristo Superstar* (1973), de N. Jewiston, un hito entre los musicales americanos con más valor sociopolítico que religioso.

En los mismos años se produjeron en Italia algunas películas que llevaban la marca de sus directores: *El evangelio según san Mateo*, de P. Paolo Pasolini (1964) y *El Mesías*, de R. Rossellini (1975). Se trata de filmes muy personales; el primero de ellos es bastante literal con el texto bíblico, pero su presentación visual es muy provocativa. Con una estética propia y un sentido más religioso, Franco Zeffirelli dirigió *Jesús de Nazaret* (1977).

Más reciente es *La pasión de Cristo*, de Mel Gibson (2004), un intento moderno que debe mucho a la personalidad del director y a sus estudios sobre la Sábana Santa de Turín y sobre las revelaciones privadas narradas por la beata Ana Catalina Emmerich.

Arriba, fotograma de *La historia más grande jamás contada*, de G. Stevens (1965).
A la izquierda, fotograma de *Rey de reyes*, dirigida por N. Ray (1961). La figura de Jesús atrajo a muchos directores desde los mismos inicios del cine. Los hermanos Lumière, inventores del cinematógrafo, realizaron la primera película que conocemos sobre Jesús.

mejora tus competencias

3. CD CA Ved las dos escenas de la vida de Jesús. Ambas corresponden al pasaje bíblico de las tentaciones de Jesucristo en el desierto. Comentad en clase, por grupos o personalmente por escrito, las siguientes cuestiones. Podéis leer primero el pasaje Mt 4, 1-11, en el que se narra este episodio de la vida de Jesús.

- **a** Buscad diferencias en la fisonomía de Jesús en ambas películas. ¿Cuál es más cercana a la imagen tradicional de Cristo?
- **b** Fijaos ahora en la figura global de Jesús (fisonomía, carácter, miradas, gestos). ¿Cuál os atrae más? Explicad por qué.
- **c** En la película de Stevens, la escena se desarrolla de noche. ¿Qué os parece que quiere expresar con ello el director?
- **d** Jesús dice: *No solo de pan vive el hombre, sino de toda palabra que procede de la boca de Dios* (Mt 4, 4). ¿Qué creéis que significa?
- **e** Al tentar al Señor, el diablo emplea citas de la Escritura, deformando su verdadero sentido. ¿Cómo responde Jesús a esto?

síntesis

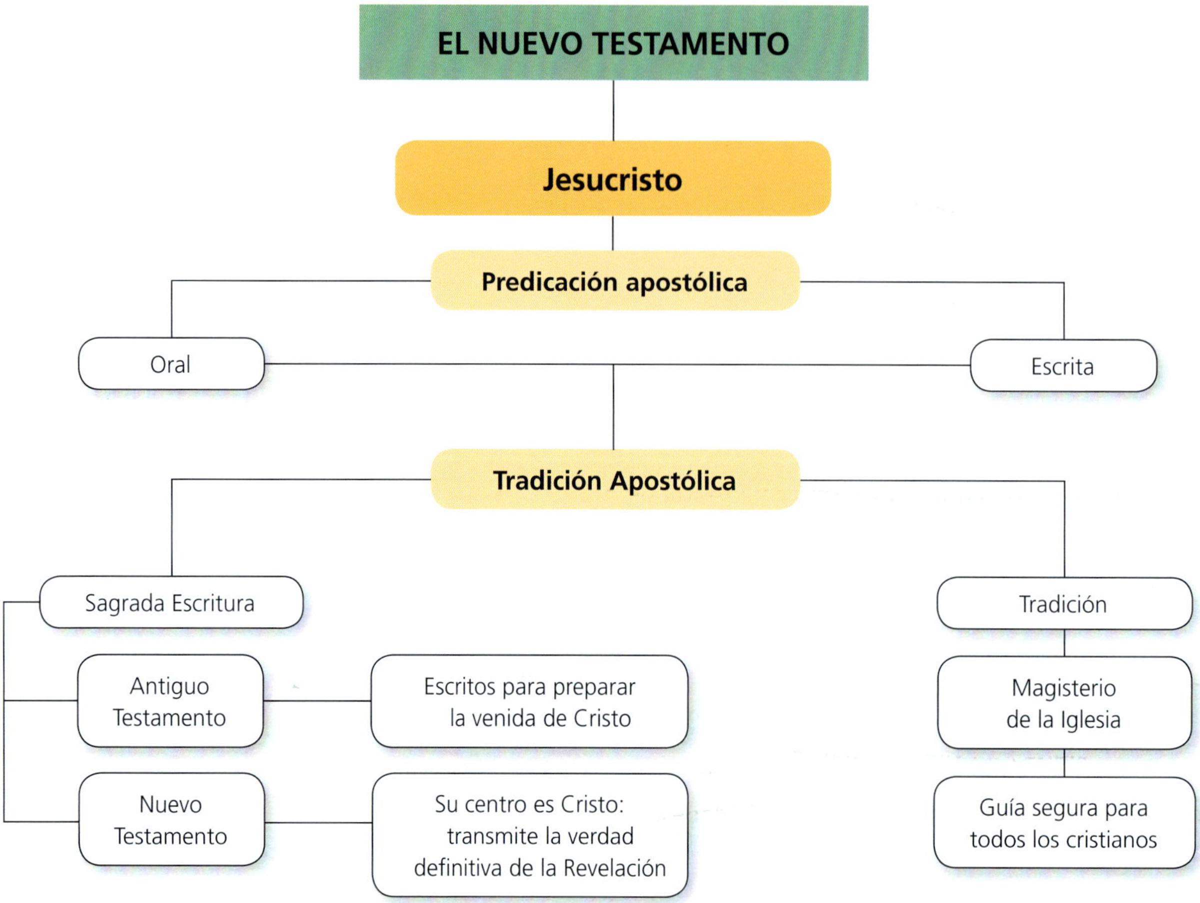

si me preguntan, qué respondo

¿Qué función tiene la Sagrada Escritura en la vida de la Iglesia?

La Sagrada Escritura proporciona apoyo y vigor a la vida de la Iglesia. Para sus hijos, es firmeza de la fe, alimento y manantial de vida espiritual. Por esto la Iglesia exhorta a la lectura frecuente de la Sagrada Escritura (Compendio del CEC, n.º 24).

¿Qué importancia tiene el Nuevo Testamento para los cristianos?

El Nuevo Testamento, cuyo centro es Jesucristo, nos transmite la verdad definitiva de la Revelación divina. En él, los cuatro evangelios de Mateo, Marcos, Lucas y Juan, constituyen el corazón de todas las Sagradas Escrituras (Compendio del CEC, n.º 22).

¿Quién es, pues, el autor de la Sagrada Escritura?

El autor principal de la Sagrada Escritura es Dios, si bien actúa en los autores humanos, que escriben bajo la inspiración del Espíritu Santo (Compendio del CEC, n.º 18).

¿Qué es el canon de las Escrituras?

El canon de las Escrituras es el elenco completo de todos los escritos que la Tradición Apostólica ha hecho discernir a la Iglesia como sagrados. Tal canon comprende 46 escritos del Antiguo Testamento y 27 del Nuevo Testamento (Compendio del CEC, n.º 20).

aCtividadEs

1. **¿A qué o a quién se hace referencia en cada caso?**

a Asistencia del Espíritu Santo a los autores de los libros sagrados.
b Cohesión entre las verdades de la fe.
c Autor de trece cartas incluidas en el Nuevo Testamento.
d Enseña la verdad sobre la Sagrada Escritura y la Tradición a través de los siglos.

2. **Justifica la verdad o falsedad de las siguientes afirmaciones.**

a El Nuevo Testamento continúa el Antiguo Testamento.
b La Tradición y las Escrituras están unidas y compenetradas entre sí.
c El Nuevo Testamento está compuesto por los cuatro evangelios.
d Los evangelios son el corazón de las Sagradas Escrituras.
e Los evangelios se compusieron recopilando textos escritos por Jesús.
f Los evangelios se han ido redactando a lo largo de la historia de la Iglesia.

3. **Completa el texto con los siguientes términos: inspirados, aplican, vida, explican, tradición oral.**

Los evangelistas narran la [...] de Jesús, [...] por Dios y apoyándose en la [...] sobre Cristo; [...] lo necesario y lo [...] a las circunstancias de su tiempo.

4. **CA** **Elabora un diseño que muestre los diversos libros y grupos de libros del Nuevo Testamento. Puedes hacerlo con el soporte y el material que prefieras: un cartel, una maqueta, una presentación digital, un vídeo, etcétera.**

5. **CL** **Lee estos textos, reflexiona y realiza las actividades.**

a

«Ignorar la Escritura es ignorar a Cristo. ¿Cómo es posible vivir sin la ciencia de las Escrituras, a través de las cuales se aprende a conocer al mismo Cristo, que es la vida de los creyentes?» (san Jerónimo).

- Teniendo en cuenta lo que has estudiado en esta unidad, ¿podrías explicar qué significa que a través de las Escrituras se conoce al mismo Cristo?

b

San Jerónimo había estudiado a fondo la Biblia y la había traducido al latín. Mientras atendía en Belén a los muchos pobres, enfermos y peregrinos que acudían a él, escribió: «He dejado a un lado mis comentarios sobre Ezequiel y casi todos mis estudios. Porque ahora es necesario traducir las palabras de la Escritura en hechos y, en vez de pronunciar frases santas, debemos actuarlas. [...] Es necesario vestir a Cristo en los pobres, visitarle en los que sufren, darle de comer en los hambrientos, cobijarlo en los que no tienen techo».

- Escribe un comentario a lo que dice san Jerónimo sobre traducir la Biblia en hechos para aplicarla a las circunstancias actuales.

6. **¿Cuál o cuáles de los siguientes criterios son necesarios para interpretar la Biblia?**

a Conocer a fondo la historia y la cultura de Israel.
b Tener presente la unidad de todos los libros que conforman la Biblia.
c Conocer mínimamente las lenguas hebrea y griega.
d Tener en cuenta la Tradición de la Iglesia.
e Considerar la unidad de las verdades de fe.

5 La plenitud de la Revelación

interpretamos

1. ¿Por qué crees que Jesús ha marcado un antes y un después en la historia?
2. ¿Te gustaría conocer los lugares dónde nació, vivió y murió Jesús?
3. ¿Fue Jesús un hombre como tú y como yo?

PDF Mt 3

El Bautismo de Jesús

1. Dios ha enviado a su Hijo

info

La Buena nueva

«Por ello, hoy desearía reflexionar con vosotros sobre el nacimiento de Jesús, fiesta de la confianza y de la esperanza. [...] Y la razón de nuestra esperanza es esta: Dios está con nosotros y Dios se fía aún de nosotros. Pero pensad bien en esto: Dios está con nosotros y Dios se fía aún de nosotros. Es generoso este Dios Padre. Él viene a habitar con los hombres, elige la tierra como morada suya para estar junto al hombre y hacerse encontrar allí donde el hombre pasa sus días en la alegría y en el dolor» (Francisco, audiencia de 18 de diciembre de 2013).

«Nosotros creemos y confesamos que Jesús de Nazaret, nacido judío de una hija de Israel, en Belén, [...] es el Hijo eterno de Dios hecho hombre» (CEC, n.º 423).

Ciertamente, la afirmación sobre la humanidad y la divinidad de Jesús —él es a la vez verdadero Dios y verdadero hombre— parece atrevida. ¿Hay datos que apoyen esta afirmación?

Los primeros documentos sobre Jesús son los evangelios. Estos textos no pretenden ofrecer información únicamente histórica sobre él, sino suscitar la fe en el Mesías. Por eso, una interpretación simplista de ellos solo conduce a la duda y al desconcierto.

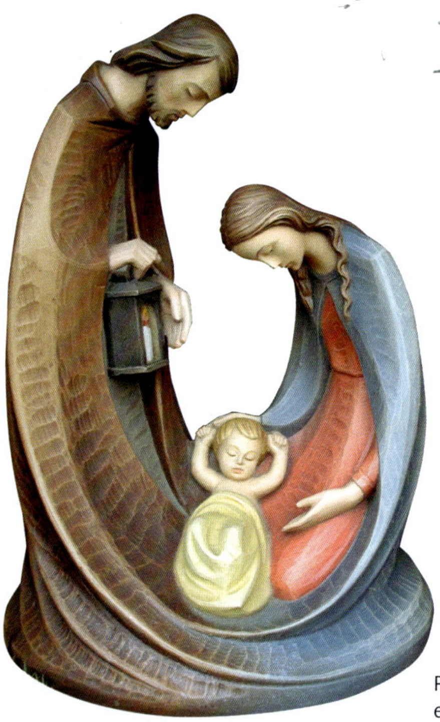

No han faltado los intentos de conocer la vida y las enseñanzas de Jesús con la razón, sin contar con la fe. Por eso, algunos críticos se han esforzado en reducir su figura a la de un simple hombre. Pero, para que esto fuera posible, han ignorado todo lo sobrenatural que aparece en los textos: solo aceptan los datos que se adaptan a sus prejuicios. El resultado es que construyen un Jesús a su medida.

Durante la segunda mitad del siglo XX, el desarrollo de la arqueología y de los estudios sobre los evangelios han permitido profundizar en la realidad histórica de lo que se narra en ellos. Al mismo tiempo, ha crecido enormemente el conocimiento, tanto de la literatura judía como de la cristiana de aquellos primeros siglos.

Evidentemente, no se puede lograr una demostración completamente científica de la divinidad de Jesús: la fe es necesaria para conocerlo y seguirlo. En esta y en las siguientes unidades, podrás observar que es razonable creer en la divinidad de Jesús.

Por la fe y por Jesucristo conocemos el amor infinito del Padre.

actividades

1. **Reflexionad en grupo sobre la siguiente afirmación y explicad por qué es tan importante descubrir quién es realmente Jesús.**

   «Del conocimiento amoroso de Jesús es de donde brota el deseo de anunciarlo y, al mismo tiempo, de donde surge la necesidad de conocerlo mejor».

2. **Completa el siguiente texto bíblico.**

   Mas cuando llegó la [...] del tiempo, envió [...] a su Hijo, nacido de [...], nacido bajo la ley, para rescatar a los que estaban bajo la ley, para que recibiéramos la adopción [...] (Gál 4, 4-5)

3. **CA Leed la siguiente afirmación y explicad qué ventajas tiene para la vida de un cristiano la lectura frecuente de la Sagrada Escritura.**

   La Iglesia exhorta a la lectura frecuente de la Sagrada Escritura, pues desconocer la Escritura es desconocer a Cristo.

2. El país de Jesús

Los evangelios son una narración detallada de hechos reales que tuvieron lugar en un momento y en un lugar perfectamente localizables de la historia de la humanidad: **Tierra Santa,** durante la primera mitad del siglo I.

El mar Mediterráneo está limitado al oeste por España y al este, justo al otro lado, por Tierra Santa, territorio en el que hoy en día se encuentra principalmente el Estado de **Israel.** Esta región ha recibido muchos nombres a lo largo de la historia: Judea, Canaán, Israel, Palestina... Es una franja de tierra limitada al oeste por el mar Mediterráneo, como se ha indicado, y al este por el río Jordán. El Jordán discurre de norte a sur, paralelo a la costa, y desemboca en el mar Muerto.

El Muro de las lamentaciones es actualmente el lugar más sagrado para los judíos. Se trata del último resto de lo que fue el templo de Jerusalén, destruido por los romanos en el año 70 d. C.

En tiempos de Jesús, Israel no era un Estado independiente, sino una provincia sometida al poder del emperador romano, que era **Augusto** cuando Jesús nació y **Tiberio** cuando fue crucificado, treinta y tres años después. Tenía fama de ser una provincia problemática y difícil de gobernar.

El templo de Jerusalén.

En ella se encontraba el **templo de Jerusalén,** maravilla arquitectónica y lugar sagrado del pueblo judío. Por razones históricas, los judíos estaban diseminados por todo el mundo romano y había sinagogas en muchas ciudades del Imperio.

Ya en aquel entonces, los judíos tenían fama de ser hábiles comerciantes, muy fieles a sus tradiciones religiosas y a su historia. Anualmente, miles de judíos de todos los rincones del Imperio viajaban por tierra y mar a Jerusalén para celebrar la fiesta de la Pascua, en la que conmemoraban la liberación de la esclavitud en Egipto.

Peregrinación virtual a Tierra Santa.

actividades

4. Relaciona cada nombre propio con el concepto correspondiente.

a Tiberio. **b** Israel. **c** Augusto. **d** Jerusalén. **e** Poncio Pilato. **f** Pascua.

1 Emperador romano cuando nació Jesús. **2** Provincia romana. **3** Celebración judía. **4** Emperador romano cuando Jesús fue crucificado. **5** Gobernador romano en Judea. **6** Ciudad que alberga el templo.

5. CC Averigua en internet la extensión de Tierra Santa e indica con qué provincia española podría compararse.

6. CS Reflexiona: ¿por qué el cristiano debe amar especialmente esta región del mundo?

Monte Hermon
Tiro
FENICIA
ABILENE
Cesarea de Filipo
GALILEA
TRACONÍTIDE
Cafarnaúm
Betsaida
LAGO DE GALILEA
Tiberíades
Caná
Séforis
Río Jarmuc
Nazaret
Cesarea Marítima
Río Khison
Monte Tabor
Naín
Río Harod
DECÁPOLIS
MAR MEDITERRÁNEO
SAMARÍA
Samaría
Río Jordán
Torrente Jakson
Río Jaboc
Hoppa
PEREA
Emaús
Jericó
Azó
Jerusalén
Betania
Belén
Río Zerqa Ma'in
Ascalón
JUDEA
MAR MUERTO
Gaza
Torrente Arnon
IDUMEA
0
25
50 km

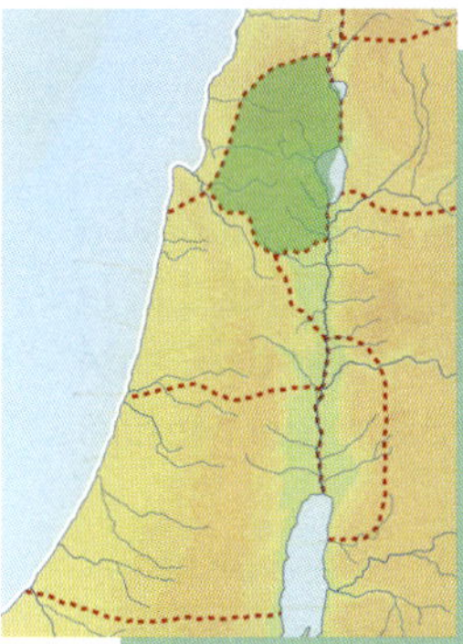

Galilea

De los tres territorios principales en que estaba dividida Tierra Santa en tiempos de Jesús, Galilea era el situado más al norte y el que gozaba de un clima más fresco y húmedo. En esta región se encuentra Nazaret, una diminuta aldea rústica y apartada en la que Jesús vivió durante la mayor parte de su vida... No olvidemos que se lo llamó el Nazareno.

Galilea estaba más romanizada que el resto de los territorios, por eso no era extraño que sus habitantes tuvieran nombres griegos (por ejemplo, Andrés, hermano de Pedro). En su centro se encontraba el mar de Galilea, también llamado lago de Tiberíades o de Genesaret, que proporcionaba pesca a las ciudades cercanas, muchas de las cuales visitaron frecuentemente Jesús y sus discípulos: Cafarnaúm, Betsaida, Caná, etcétera.

La mayoría de los Apóstoles provenía de esta región. Sus habitantes, al hablar, tenían un acento característico que los delataba con facilidad.

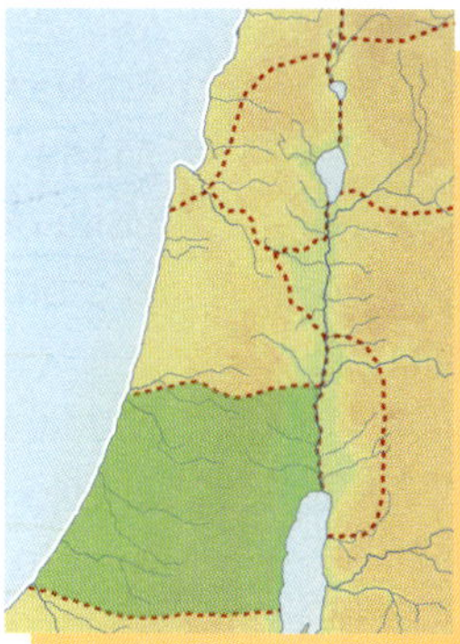

Judea

Judea se encuentra al sur; es una zona escarpada y montañosa, rica en olivos, vides e higueras. En esta región estaba Belén y muy cerca, la capital, Jerusalén. Aquí se concentraban los poderes religioso, cultural y político del pueblo judío. En Jerusalén se encontraban las prestigiosas escuelas de los fariseos y el Sanedrín: una especie de senado, formado por ancianos de la aristocracia sacerdotal judía. Este grupo representaba al pueblo frente al poder de los procuradores y gobernadores romanos, cuyas guarniciones militares apenas lograban controlar las continuas revueltas.

Pero Jerusalén era, por encima de todo, la ciudad del templo. Los judíos solían decir que si «el mundo es un cuerpo humano, Israel es el ojo; Jerusalén, la pupila y el templo, el brillo de la pupila».

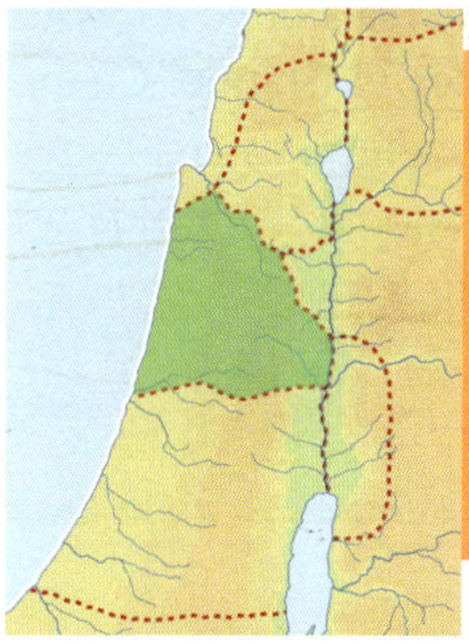

Samaría

Samaría está situada entre Galilea y Judea. La aversión entre judíos y samaritanos era grande y muy antigua, por razones religiosas y políticas. Un judío piadoso jamás hacía negocios con un samaritano y se consideraba impuro por el solo hecho de tocarlo, aunque fuera accidentalmente.

El país de Jesús.

actividades

7. Observa el mapa de la página anterior y contesta.

- **a** ¿En qué región de Palestina se encuentra Jerusalén?
- **b** ¿Y Nazaret?
- **c** ¿Qué dirección siguen las aguas del río Jordán?
- **d** ¿Dónde desemboca este río?
- **e** ¿En qué región está el lago de Tiberíades?
- **f** ¿Y Cafarnaúm?
- **g** ¿En qué ciudad se construyó el templo?

8. CC **Busca estas citas en los evangelios y averiguarás dónde sucedió cada hecho. Después, localiza esas poblaciones en el mapa.**

- **a** Jesús realiza allí su primer milagro (Jn 2, 11).
- **b** Zaqueo invita a comer a Jesús (Lc 19, 1-6).

9. CS **Lee en Jn 4, 1-9 la conversación entre Jesús y una mujer, y responde.**

- **a** ¿Por qué se extraña de que Jesús hable con ella?
- **b** ¿Qué enseña Jesús con su actitud?

3. El misterio de la Encarnación

info

¿En qué año nació Jesús?

En el siglo VI, un monje nacido en la actual Rumanía calculó el año en el que nació Jesús. Su nombre era Dionisio el Exiguo y, lamentablemente, se equivocó. Los historiadores no se ponen de acuerdo sobre el año exacto, si bien parece ser que la primera Navidad tuvo lugar alrededor del año 5 a. C. Por suerte para Dionisio, nos hemos dado cuenta de su equivocación cientos de años después.

En **Nazaret,** una pequeña aldea de Galilea, una joven que se llamaba **María** —prometida con un artesano, **José—** recibió, mientras rezaba, la visita de un ángel. San Lucas cuenta que el arcángel Gabriel le dijo, ante el asombro de esta, que había sido elegida para ser la Madre del Mesías.

María aceptó: *Hágase en mí según tu palabra* (Lc 1, 38); en ese instante, el Hijo de Dios se hizo hombre en su seno virginal. Este gran acontecimiento se conoce como el misterio de la **Encarnación*.**

Este suceso, aunque pasara inadvertido a los grandes del mundo, cambió el curso de la historia universal. Ya nada volvió a ser lo mismo: la **segunda Persona de la Santísima Trinidad,** el Hijo de Dios, se había hecho hombre sin dejar de ser Dios. Por eso, la Virgen María es verdaderamente Madre de Dios (Compendio del CEC, n.os 86 y 95).

En ese tiempo, el emperador **Augusto** mandó que todos los habitantes del Imperio se empadronaran en sus ciudades de origen. José, que era descendiente del **rey David,** marchó con María, que estaba embarazada, a la ciudad de sus antepasados: Belén, en Judea, cerca de Jerusalén. Allí nació el Hijo de Dios (Lc 2, 1-7). José, obedeciendo lo que le había ordenado un ángel, puso al niño el nombre de Jesús, que significa 'Dios con nosotros' (Mt 1, 21).

Poco después del nacimiento, la Sagrada Familia huyó a Egipto debido a la persecución ordenada por el rey **Herodes el Grande.** Cuando pasó el peligro, regresó a Nazaret. Desde ese momento hasta el comienzo de la vida pública del Señor, transcurre un período de tiempo de unos treinta años que se conoce como la vida oculta de Jesús.

El misterio de la Encarnación.

actividades

10. Completa el texto con los términos siguientes: cristiana, unión, Persona divina, naturaleza humana, Encarnación.

La Iglesia llama [...] al misterio de la [...] admirable de la naturaleza divina y la [...] de Jesús en la única [...] del Verbo. La fe en la Encarnación es signo distintivo de la fe [...].

11. Reflexiona y contesta haciendo referencia a los textos evangélicos: ¿qué tienen en común las respuestas de María y José a los anuncios que reciben?

12. ¿A quién se describe en cada caso?

a Concibió al Hijo eterno en su seno por obra del Espíritu Santo. **b** Anunció a una joven que había sido elegida para ser la Madre del Mesías. **c** Segunda Persona de la Santísima Trinidad. **d** Llamó al niño Jesús, como se le había ordenado.

13. CS ¿Qué podemos aprender del hecho de que Jesús tuviera tantos años de vida de familia y de trabajo en Nazaret?

4. Los nombres de Jesús

Sabemos dónde y cómo nació Jesús. Pero ¿quién es realmente? En el Nuevo Testamento se le dan diversos nombres. Es tanta la riqueza de la Persona de Cristo, que no se puede encerrar en uno solo.

Jesús es el nombre más usado; es el que el ángel Gabriel comunicó a María y José. En hebreo significa 'Dios salva' y expresa, a la vez, su identidad (Dios) y su misión (Salvador) *porque él salvará a su pueblo de sus pecados* (Mt 1, 21).

Mesías (Cristo en griego) significa 'ungido'. En el Antiguo Testamento se ungía con óleo a los reyes y a los sacerdotes, como signo de su elección. Jesucristo es «el ungido» por excelencia, por su especialísima unión con el Padre y con el Espíritu Santo.

Detalle de *Jesús disputando con los doctores en el templo*, de Veronés. Siglo XVI. Los textos evangélicos narran que, cuando tenía 12 años, encontraron a Jesús hablando con los doctores de la Ley. Estos se quedaron *asombrados de su talento y de las respuestas que daba* (Lc 2, 47).

Hijo de Dios hace referencia a que Jesús es la segunda Persona de la Santísima Trinidad. Jesús, cuando se refería al Padre, decía «mi Padre» o «vuestro Padre», pero nunca «nuestro Padre». Con esta distinción mostraba que la manera en la que él era Hijo de Dios no es la misma en la que todos somos hijos de Dios.

Señor (en griego *Kyrios*, en hebreo *Elohim* o *Adonaí*) es la palabra que usaban los judíos para evitar pronunciar en voz alta, por respeto, el nombre de Dios (Yahvé). Llamar Señor a Jesús es un modo de reconocer su divinidad. Tomás, al ver a Jesús después de la Resurrección, exclamó: *¡Señor mío y Dios mío!* (Jn 20, 24-29).

Por eso, la Iglesia confiesa que Jesús es inseparablemente **verdadero Dios y verdadero hombre.** Es el Hijo de Dios que se hizo hombre, sin dejar de ser Dios.

vocabulario

Encarnación: hecho milagroso por el cual la segunda Persona de la Santísima Trinidad se hizo hombre en las entrañas de la Virgen María.

actividades

14. Indica cuáles de estas afirmaciones son verdaderas y corrige las falsas.

a Jesús tiene muchos nombres porque es imposible saber quién es de verdad. **b** Cada uno de los nombres de Jesús permite profundizar en él. **c** El arcángel indicó a María con qué nombres sería conocido su Hijo. **d** Los nombres *Mesías* y *Cristo* hacen referencia a Jesús como rey y sacerdote por excelencia.

15. CL Lee la escena del Bautismo de Jesús (Mt 3, 16-17) y explica cómo aparece ungido por el Padre y el Espíritu Santo.

16. CA Busca en los evangelios dos hechos que muestren que Jesús es verdadero hombre.

5. María, modelo del creyente

info

La vocación de José

«¿Cómo vive José su vocación como custodio de María, de Jesús, de la Iglesia? Con la atención constante a Dios, abierto a sus signos, disponible a su proyecto. [...] Y José es "custodio" porque sabe escuchar a Dios, se deja guiar por su voluntad, y precisamente por eso es más sensible aún a las personas que se le han confiado. [...] En él vemos cómo se responde a la llamada de Dios, con disponibilidad, con prontitud; pero vemos también cuál es el centro de la vocación cristiana: Cristo» (Francisco, homilía en la solemnidad de San José, 19 de marzo del 2013).

Es posible que Jesús se pareciera físicamente a su madre. Con toda probabilidad, tenía gestos y maneras de expresarse característicos de ella. Y si, como hemos visto, la vida del cristiano consiste en conocer, imitar y amar a Cristo..., ¿quién mejor que la Virgen María para servirnos como modelo y darnos ejemplo? ¿Quién conoce y quién quiere más a alguien que su propia madre?

Aunque en los evangelios no hay muchas referencias a la Virgen María, sabemos que estuvo junto a su hijo durante toda su vida en Nazaret y en su vida pública, desde el primer milagro en las bodas de Caná hasta la Crucifixión en el Calvario.

En el momento de la Crucifixión, cuando casi todos los demás lo habían abandonado, Jesús dio a su madre como madre de cada discípulo y de toda la Iglesia: *Mujer, ahí tienes a tu hijo*. Luego dijo al discípulo Juan: *Ahí tienes a tu madre* (Jn 19, 26-27).

La Virgen María ayudó a la Iglesia naciente a mantener la fe y el ánimo en los momentos difíciles que siguieron a la muerte del Señor, cuando todo parecía perdido. Parece razonable pensar que Pedro y los demás Apóstoles se dejaron guiar por su sabiduría y por su ejemplo, cuando la Iglesia era tan pequeña que todos sus miembros cabían en una sola habitación.

También hoy María sigue siendo para los cristianos una madre amorosa que dirige nuestros pasos hacia su Hijo. Representa el modelo perfecto de todas las virtudes cristianas: amor a la cruz, humildad, oración y docilidad a la voluntad de Dios (Compendio del CEC, n.º 197).

San José y el niño, de J. Camarón Boronat. Siglo XVIII.
Cuando José se despertó, hizo lo que le había mandado el ángel del Señor y acogió a su mujer. Y sin haberla conocido, dio a luz un hijo al que puso por nombre Jesús (Mt 1, 24-25).

La Virgen María.

actividades

17. Recuerda las palabras de Jesús en Jn 19, 26-27 y elige la afirmación que más se ajuste a su significado.

- **a** Jesús quería demostrarles su afecto.
- **b** Jesús dio a la Virgen como madre de la Iglesia y de todos los cristianos.
- **c** Jesús quería que Juan cuidase de su madre.

18. CI Investiga y contesta.

- **a** ¿Qué oración rezan los cristianos para recordar la Anunciación y la Encarnación? ¿Cuándo se reza?
- **b** ¿Por qué son tan importantes estos actos de piedad en la vida diaria de los creyentes?

19. ¿De qué es modelo la Virgen María para los cristianos? Justifica tu respuesta.

6. Las gracias y los privilegios de María

Debido a sus méritos y a lo inconmensurable de su misión, Dios concedió a la Virgen María gracias y privilegios únicos. A lo largo de los siglos, la Iglesia los ha ido reconociendo y proclamando como **dogmas*** de fe. Son los siguientes:

- **La maternidad divina.** Este dogma lo proclamó el Concilio de Éfeso del año 431. La Virgen María es Madre de Dios porque concibió y dio a luz a la segunda Persona de la Santísima Trinidad en cuanto hombre. La palabra griega que se usó durante el Concilio para denominar este hecho es *Theotokos,* Madre de Dios (Compendio del CEC, n.º 95).
- **La virginidad de María.** En el año 649, durante el primer Concilio de Letrán, la Iglesia proclamó el dogma de la perpetua virginidad de María. Como este enseña, la Virgen concibió a Jesús mediante una acción milagrosa del Espíritu Santo, sin la intervención de varón (Compendio del CEC, n.os 98 y 99).
- **La Inmaculada Concepción.** En 1854, el papa Pío IX proclamó este dogma, que produjo una gran alegría en toda la Iglesia. Enseña que la Virgen María, en atención a su maternidad divina, estuvo libre del pecado original y de toda inclinación al mal: jamás cometió ningún pecado (Compendio del CEC, n.º 96).
- **La Asunción de María a los cielos.** Este dogma, que proclamó el papa Pío XII en el año 1950, establece que la Virgen María, una vez completó los días de su vida en la Tierra, fue llevada al cielo en cuerpo y alma.

  No se determina cómo fue la Asunción de la Virgen a los cielos, pero la Iglesia enseña que su cuerpo no quedó en esta Tierra, sometido a la corrupción, sino que, junto con su alma, fue elevado al cielo y glorificado.

info

Una mujer vestida de Sol

Desde hace siglos, la Inmaculada Concepción se representa siguiendo estas palabras del libro del Apocalipsis sobre la Virgen: Un gran signo apareció en el cielo: una mujer vestida de Sol, y la Luna bajo sus pies y una corona de doce estrellas sobre su cabeza (Ap 12, 1). Son muchas las advocaciones marianas en las que se representa a María sobre la Luna y coronada con doce estrellas.

Inmaculada Concepción, de J. Ribera. Siglo XVII.

vocabulario

Dogma: doctrina revelada que la Iglesia define como verdad de fe que tienen que creer todos los católicos.

actividades

20. Relaciona cada gracia o privilegio de la Virgen María con su descripción.

a Maternidad divina. **b** Virginidad. **c** Inmaculada Concepción. **d** Asunción a los cielos.

1 Está libre del pecado original y de toda inclinación al mal. **2** Concibió y dio a luz a la segunda Persona de la Santísima Trinidad en cuanto hombre. **3** Su cuerpo no quedó en esta Tierra, sometido a la corrupción. **4** Concibió a Jesús mediante una acción milagrosa del Espíritu Santo.

21. Señala el privilegio de María del que dependen todos los demás.

a Maternidad divina. **b** Virginidad. **c** Inmaculada Concepción. **d** Asunción a los cielos.

fe y vida

María y Jesús, de A. Kauffmann. Siglo XIX. La Virgen María aconsejó sobre la necesidad de rezar el santo rosario, pedir perdón por los pecados y orar por la paz.

Más resplandeciente que el Sol

Francisco, de 9 años, con su hermana **Jacinta,** de 7, y su prima **Lucía,** de 10, eran unos pastorcillos a quienes se apareció la Virgen en Cova de Iria (Fátima, Portugal) el 13 de mayo de 1917. «Una hermosa señora, vestida de blanco y más resplandeciente que el Sol», les pidió que acudiesen allí seis meses seguidos y los invitó a ofrecer a Dios los sufrimientos que él quisiese enviarles, por la conversión de los pecadores. «Rezad el rosario todos los días —les dijo— para alcanzar la paz del mundo y el fin de la guerra».

Jacinta, Francisco y Lucía un año después de la primera aparición de la Virgen María en Cova de Iria (Fátima, Portugal).

La Señora les había dicho que se llevaría pronto al cielo a los dos hermanos. En otoño de 1918, una epidemia de gripe abatió Europa. Francisco se contagió y a los cinco meses murió, el 4 de abril de 1919. Durante su enfermedad, él solo se quejaba de que no podía acercarse a la iglesia para estar un ratito junto a Jesús en el sagrario.

Jacinta, que enfermó de neumonía, se afanó en rezar el rosario. La Señora se le apareció en su alcoba y le dijo que ofreciera sus sufrimientos para pedir por los pecadores. Jacinta aceptó con alegría la misión que la Señora le confiaba. El 20 de febrero de 1920 se la llevó al cielo. Jacinta tenía entonces 8 años.

El 13 mayo del 2000, Juan Pablo II beatificó a Francisco y Jacinta en Fátima. El Papa afirmó en su homilía: «Mediante este rito, la Iglesia desea situar en el lucernario esas dos llamitas que Dios encendió para iluminar a la humanidad... Que el mensaje de su vida permanezca siempre encendido para iluminar el camino de la humanidad». Asistió a la ceremonia sor Lucía Marto, religiosa carmelita, que tenía entonces 93 años.

mejora tus competencias

1. CD CL Te proponemos que veas la escena de la película *Las apariciones en Fátima* y hagas las actividades que siguen.

a Observa las actitudes de los siguientes personajes ante la noticia de las apariciones. ¿Cómo reacciona cada uno? ¿A qué crees que se deben estas reacciones?
- Los vecinos del pueblo.
- La madre de Jacinta y Francisco.
- La madre de Lucía.
- El sacerdote.

b A Lucía se le plantea un dilema: ¿debe obedecer a su madre y decir que todo ha sido una invención, o ha de mantenerse firme en la verdad? ¿Qué camino elige? ¿Es el más fácil?

c Enumera tres virtudes que se vean reflejadas en los niños protagonistas y explica cómo pueden servir de ejemplo para un cristiano.

d Explica el significado de esta afirmación: «Por su obediencia, [María] se convirtió en la nueva Eva, madre de los vivientes» (CEC, n.º 511).

fe y cultura

«¿Quiénes son mi madre y mis hermanos?» Y mirando a los que estaban sentados alrededor, [Jesús] *dice: «Estos son mi madre y mis hermanos. El que cumpla la voluntad de Dios, ese es mi hermano y mi hermana y mi madre»* (Mc 3, 33-35).

¿Jesús tenía hermanos?

Sabemos con seguridad que la Virgen María tuvo solamente un hijo: Jesús. Sin embargo, hay diversos pasajes evangélicos que llevan a creer que el Señor tuvo hermanos. Los dos principales son: cuando san Lucas dice que *María dio a luz a su hijo primogénito* (Lc 2, 7) y cuando san Marcos nombra explícitamente a cuatro de estos supuestos hermanos: *Santiago, José, Simón y Judas* (Mc 6, 3).

Estos dos casos son ejemplos perfectos para poner de manifiesto que la Sagrada Escritura se ha de leer siempre en consonancia con las enseñanzas de la Iglesia, sin seguir una interpretación personal ni la de ningún supuesto experto.

En el primer caso, la palabra *primogénito* se utiliza como forma legal para denominar al primer hijo, pero no implica necesariamente que hubiera hijos posteriores. Los arqueólogos han encontrado una inscripción hebrea en la que se puede leer que una mujer murió al dar a luz a su hijo primogénito; como es lógico, no pudo tener otros hijos después.

Para resolver el misterio que nos plantea el segundo caso, hay que tener en cuenta que en arameo —la lengua materna de Jesús y de casi todos los protagonistas de los evangelios— no existen términos específicos para indicar los diversos parentescos.

De esta manera, las voces *primo, cuñado, tío, hermanastro* e incluso *vecino* o *discípulo*, se traducen al griego mediante una misma palabra: *adelfós*, que significa 'hermano'. En los evangelios se dice, por ejemplo, que María estaba junto a la cruz con su hermana María de Cleofás. Eran parientes, no hermanas, pues si lo fueran, no es posible que ambas se llamaran *María*.

mejora tus competencias

2. CC CD Observa la imagen *Virgen de la humildad,* de Fra Angelico, y responde razonadamente a las preguntas.

- **a** ¿Cómo se representa a María (niña, Inmaculada, Madre de Dios, doliente...)?
- **b** ¿Qué simbolizan la rosa y la azucena del jarrón?
- **c** El Niño entrega a su madre otra azucena; ¿qué quiere expresar el artista con esta segunda flor?

3. Leed las siguientes cuestiones y reflexionad por parejas.

- **a** En ocasiones se llama *hermano* a quien no lo es en realidad. ¿Qué se está queriendo expresar con ello?
- **b** ¿Cómo explicarías que Jesús hable de sus *hermanos?*

4. CI Investiga sobre el santo rosario y responde.

- **a** ¿Cuál es el origen del santo rosario?
- **b** ¿Por qué se dice que esta oración es un método de predicación y de oración?
- **c** ¿Por qué es aconsejable el rezo del rosario?

síntesis

LA PLENITUD DE LA REVELACIÓN

Dios se hace hombre

- **Misterio de la Encarnación**
  - Jesús nace y vive en Tierra Santa
  - Principal fuente para conocer su vida: el Nuevo Testamento
  - Nombres de Cristo:
    - Jesús, 'Dios salva'
    - Mesías, 'ungido'
    - Hijo de Dios, segunda Persona de la Trinidad
    - Señor, Dios
- **María, Madre de Dios**
  - Modelo del creyente
    - Jesús la hizo madre de cada discípulo y de la Iglesia
  - Gracias y privilegios
    - Maternidad divina
    - Virginidad
    - Inmaculada Concepción
    - Asunción a los cielos

si me preguntan, qué respondo

¿Cuál es la Buena Noticia?

En tiempos del rey Herodes y del emperador Augusto, Dios cumplió las promesas hechas a Abraham y a su descendencia enviando a su Hijo Jesucristo, nacido de mujer, para rescatarnos del pecado (Compendio del CEC, n.º 79).

¿Qué es la Encarnación?

La Encarnación es el misterio de la unión admirable de la naturaleza divina y de la naturaleza humana de Jesús en la segunda Persona de la Santísima Trinidad, haciéndose verdaderamente hombre sin dejar de ser Dios (Compendio del CEC, n.os 86 y 87).

¿Quién es la Virgen María?

La Virgen María es verdaderamente la Madre de Dios porque es la Madre de Jesús, el Hijo eterno de Dios Padre (Compendio del CEC, n.º 95).

¿Cómo ayuda la Virgen María a la Iglesia?

La Virgen María ayuda a la Iglesia intercediendo por sus hijos, siendo para todos un modelo de fe y caridad, y ejerciendo un influjo salvífico (Compendio del CEC, n.º 197).

¿Con qué nombres se llama a Jesucristo?

Los principales nombres con que se llama a Jesucristo son Jesús, que significa 'Dios salva'; Cristo y Mesías, que lo identifican como el Salvador prometido a Israel y enviado por Dios; e Hijo de Dios y Señor, porque es Dios, como el Padre (Compendio del CEC, n.os 81-84).

aCtividadeS

1. **Señala qué enunciados son verdaderos y cuáles, falsos.**

a El Antiguo Testamento es la fuente principal para conocer a Jesús.
b Los evangelios son narraciones veraces, es decir, cuentan hechos reales.
c El verdadero autor de los textos evangélicos es la Iglesia.
d Los evangelios son textos auténticos, no copias falsificadas.

2. **CC** **Ya sabes que, por desgracia, la tierra que pisó Jesús es escenario de graves conflictos desde hace años. Actualmente, en Palestina existe el Estado de Israel, donde habitan judíos y palestinos, que en su mayoría profesan la religión islámica.**

a Imprime un mapa mudo de esta región, consulta un atlas y escribe el nombre de los países que limitan con el Estado de Israel.
b Busca la web oficial del Estado de Israel y averigua cuáles son sus principales ciudades. Después, sitúalas en el mapa.
c Averigua desde qué año existe el actual Estado de Israel, qué organismo decidió su creación y qué relación tiene con la Segunda Guerra Mundial.
d ¿Quiénes son los palestinos? ¿Cuál es su religión? ¿Qué territorios ocupan?
e ¿Por qué existen tantos conflictos entre los judíos y los palestinos?

3. **En grupo, elaborad un mapa grande de Palestina, a modo de mural. El mapa de la página 58 os servirá como modelo. A continuación, situad estas escenas en los lugares correspondientes.**

a La Anunciación.
b El nacimiento de Jesús.
c La vida oculta.
d Curación del criado de un centurión.
e La Última Cena.

4. **CL** **Leed el prólogo del evangelio de san Juan (Jn 1, 1-18), reflexionad y contestad a las siguientes cuestiones.**

a ¿Mediante qué enunciados se afirma la divinidad de Jesús?
b ¿Y su verdadera humanidad?
c ¿Qué significa la frase del versículo 11?
d ¿Y la del versículo 12?

5. **CL** **Lee este texto y señala la afirmación que mejor resuma su significado.**

> El Hijo de Dios trabajó con manos de hombre, pensó con inteligencia de hombre, obró con voluntad de hombre, amó con corazón de hombre. Nacido de la Virgen María, se hizo verdaderamente uno de nosotros, en todo semejante a nosotros, excepto en el pecado.

a El Hijo de Dios se hizo hombre.
b Por la Encarnación, Jesús es verdadero Dios y verdadero hombre.
c Jesús, el Hijo de Dios, dejó de serlo para hacerse hombre, como nosotros.

6. **Pon tres ejemplos concretos de cómo la vida de María es modelo para un cristiano del siglo XXI. Explica tus elecciones.**

6 Jesús, Dios y hombre verdadero

interpretamos

1. ¿Cómo han llegado hasta nosotros la vida y el mensaje de Jesús?

2. ¿En qué crees que se diferencia Jesús de los fundadores de otras religiones?

3. ¿Podemos afirmar que lo que narran los evangelios sucedió en realidad?

PDF Mt 16, 13-20

La confesión de Pedro

1. ¿Conocemos realmente la vida de Jesús?

Jesús de Nazaret nació hace más de dos mil años; sin embargo, continúa presente en nuestras vidas. Su paso por la historia dejó una huella tan profunda que no solo cambió la vida de quienes lo conocieron, sino que también cambió el sentido de la historia y de la humanidad. La principal fuente por la que conocemos su vida y su mensaje son los evangelios.

Pero, al leer una obra escrita hace tanto tiempo, podemos preguntarnos:

- ¿Quién la escribió y cuándo lo hizo? Esta cuestión se refiere a la **historicidad*** del texto.
- ¿El ejemplar que leemos es el mismo que escribió el autor del original o ha sido alterado? Esta segunda pregunta plantea el dilema sobre su **autenticidad***.
- Y, por último, ¿lo que nos cuenta sucedió de verdad? Este tercer interrogante se centra en su **veracidad***.

1.1. La historicidad de los evangelios

Los primeros documentos cristianos afirman que los autores fueron **Mateo, Marcos, Lucas y Juan.** Dos de ellos, Mateo y Juan, fueron Apóstoles, es decir, testigos directos de la vida de Jesús. Marcos fue compañero de Pedro; Lucas, de Pablo. Sabemos con certeza que todos los evangelistas redactaron los textos en fechas cercanas a la vida de Jesús, cuando todavía vivían muchas de las personas que habían presenciado los hechos.

Los historiadores modernos señalan que los tres **evangelios sinópticos*** (Mateo, Marcos y Lucas) se escribieron entre los años 45 y 70. La composición del evangelio de san Juan se suele situar a finales del siglo I.

Podemos afirmar, por tanto, que los evangelios son **libros históricos,** ya que conocemos su autoría y la fecha aproximada de su redacción, apenas unas décadas después de la muerte y resurrección de Jesucristo.

info

Los autores de los evangelios

«Así, Mateo, entre los hebreos, escribió el evangelio en la lengua de ellos. [...] Después de la muerte de Pedro y Pablo, Marcos, discípulo e intérprete de Pedro, nos comunicó por escrito las cosas que habían sido anunciadas por Pedro. Y Lucas, compañero de Pablo, puso por escrito el evangelio que este predicaba. Después, Juan, discípulo del Señor, el cual se había recostado sobre su pecho, escribió el evangelio residiendo en Éfeso de Asia» (san Ireneo, Contra los herejes, *3, 1, 11. Siglo II d. C.).*

¿Se puede negar la existencia histórica de Jesús?

vocabulario

Historicidad: un libro es *histórico* cuando sabemos quién fue su autor y la fecha aproximada en que se escribió.

Autenticidad: un libro es *auténtico* cuando es igual al que escribió su autor, sin cambios ni variantes.

Veracidad: un libro es *veraz* cuando sus autores cuentan la verdad de lo que conocieron.

Sinóptico: se aplica a los evangelios de Mateo, Marcos y Lucas. Se califican de este modo porque relatan los hechos de la vida del Señor siguiendo un esquema muy parecido *(esquema = sinopsis).*

actividades

1. Relaciona cada característica sobre la credibilidad histórica de un texto con la descripción que le corresponda.

   a Historicidad. **b** Autenticidad. **c** Veracidad.

   1 Lo que se dice es verdad. **2** Se conoce su autor y la fecha de su composición. **3** No se han introducido alteraciones.

2. CC Haz un cálculo sobre la distancia que existe entre la composición de los evangelios y los hechos que relatan. A continuación, explica qué nos permite corroborar este dato sobre ellos.

3. CL Consulta en el vocabulario el término *sinóptico*. A continuación, compara un mismo pasaje o hecho de la vida de Jesús en los evangelios de Mateo, Marcos y Lucas, y anota las concordancias.

1.2. La autenticidad de los evangelios

Es evidente que no disponemos de la «primera edición» de los evangelios para comprobar si los textos han sido modificados (lo mismo ocurre con todos los libros de la Antigüedad). Sin embargo, han llegado hasta nosotros copias antiquísimas, muy cercanas a la época de su redacción original. Se conservan unas 6000 copias en griego y más de 40000 manuscritos antiguos en diversas lenguas orientales (sirio, copto, armenio, etcétera).

Estas copias manuscritas, llamadas genéricamente *códices,* han sido comparadas por numerosísimos expertos cristianos y no cristianos, quienes han podido comprobar que, salvo minúsculas variaciones, todos esos textos dicen lo mismo. Podemos afirmar, por lo tanto, que los evangelios que conocemos son **libros auténticos.**

1.3. La veracidad de los evangelios

¿Cuentan la verdad los evangelios? Partimos del hecho de que dos de sus autores fueron testigos directos de la vida pública de Jesús (Mateo y Juan); los otros dos (Marcos y Lucas) pusieron por escrito lo que oyeron predicar, respectivamente, a Pedro y a Pablo. Estos documentos son el relato de unos hombres, los evangelistas, que expusieron la vida y las enseñanzas de Jesús a comunidades de distinta condición y que tenían presentes sus características y las necesidades de sus lectores. Además, fueron testigos tan veraces que entregaron sus vidas al martirio por confirmar la verdad de su testimonio.

Así pues, es posible afirmar que los autores del Nuevo Testamento cuentan la verdad que conocieron y que sus relatos son **veraces.** Las diferencias entre los cuatro evangelios no son un obstáculo para su veracidad; al contrario, lo extraño sería que en años distintos, en diversos lugares y dirigiéndose a lectores diferentes, cuatro autores escribieran exactamente lo mismo. Los cuatro son testigos de un mismo hecho, la vida de Jesucristo, pero lo relatan de modos diferentes.

info

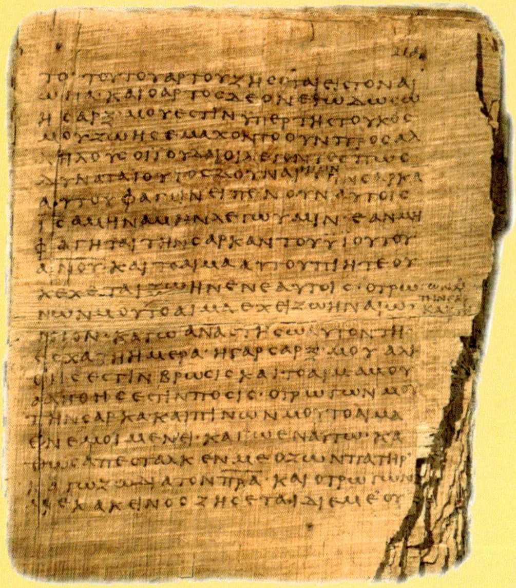

Manuscrito del evangelio de san Juan escrito en un papiro a finales del siglo II.

Obra	Original	Manuscrito más antiguo
Evangelio de san Juan	98-100 d. C.	Un fragmento, hacia el 125 d. C.
Nuevo Testamento	50-100 d. C.	Principios del siglo III d. C.
Horacio	Siglo I a. C.	Siglo VII d. C.
Julio César	Siglo I a. C.	Siglo X d. C.
Platón	Siglos V-IV a. C.	895 d. C.

actividades

4. CC Calcula y anota los años que van desde la fecha de cada original hasta la fecha de la copia más antigua de los siguientes libros. ¿Qué conclusiones sacas?

   a Evangelio de san Juan. **b** Nuevo Testamento. **c** Obras de Horacio. **d** Obras de Julio César. **e** Obras de Platón.

5. Lee Lc 1, 1-3 y señala qué muestras nos ofrece el autor sobre la veracidad de su relato.

6. CI Aportad argumentos, distintos de los comentados en el epígrafe, que se pueden esgrimir para probar la historicidad, autenticidad y veracidad de los evangelios.

2. Jesucristo, verdadero Dios

info

«Yo y el Padre somos uno»

Era invierno, y Jesús se paseaba en el templo por el pórtico de Salomón. Los judíos, rodeándolo, le preguntaban: «¿Hasta cuándo nos vas a tener en suspenso? Si tú eres el Mesías, dínoslo francamente». Jesús les respondió: «Os lo he dicho, y no creéis; las obras que yo hago en nombre de mi Padre, esas dan testimonio de mí. [...] Yo y el Padre somos uno». Los judíos agarraron de nuevo piedras para apedrearlo (Jn 10, 23-33).

Los milagros de Cristo.

Muchos aceptan a Jesucristo como un hombre extraordinario, una figura histórica. Sin embargo, los cristianos creemos que, en la unidad de su persona divina, Jesús es, a la vez, verdadero hombre y verdadero Dios (Compendio del CEC, n.º 87).

Si nos acercamos a la figura histórica de Jesús, observamos que sus obras y sus palabras no son solamente obras y palabras humanas. Sus discursos y milagros tienen un objetivo claro: mostrar que él es el Mesías prometido en el Antiguo Testamento. Jesús se presenta como el **Hijo de Dios**, el **Mesías**, el **Salvador** anunciado por los profetas y prometido por Dios a su pueblo.

Toda la vida pública de Jesús, desde el Bautismo en el río Jordán hasta la ascensión al cielo, es una continua manifestación de su divinidad. Veámoslo:

- **Lo afirma la voz de Dios Padre** desde el cielo en dos momentos especialmente solemnes: el Bautismo de Jesús (Mt 3, 17) y la transfiguración de Cristo en el monte Tabor (Mt 17, 5). En ambos casos, Dios Padre dice: *Este es mi Hijo amado.*
- **El mismo Jesús lo afirma con sus palabras:** *El que cree* [en mí], *tiene la vida eterna* (Jn 3, 15-16). O también: *El que crea* [en mí] *y sea bautizado, se salvará* (Mc 16, 16). Se presenta como igual a Dios Padre: *Quien me ha visto a mí ha visto al Padre* (Jn 14, 9). Y llega a hacer esta afirmación inaudita: *Yo y el Padre somos uno* (Jn 10, 30).
- **También sus obras manifiestan que él es Dios.** Así, cuando algunos de sus oyentes encuentran resistencia para creer, Jesús les dice: *Las obras que yo hago en nombre de mi Padre, esas dan testimonio de mí* (Jn 10, 25). Y lleva a cabo numerosos milagros, con los que confirma su divinidad.

Jesús hacía milagros para manifestar su poder y despertar la fe de los demás en su divinidad.

actividades

7. Busca las siguientes citas y relaciona cada una con el tipo de testimonio que representa.

a Jn 14, 9. **b** Mt 16, 13-16. **c** Jn 11, 38-44. **d** Mc 14, 61-64. **e** Mt 28, 1-10.

1 Jesucristo afirmó que era Dios. **2** Jesucristo mostró con sus obras su divinidad. **3** Los Apóstoles confesaron que Jesús era Dios. **4** Condenaron a Jesús por declararse igual a Dios. **5** Su resurrección confirmó sus obras y sus palabras.

- Que él es el Mesías, el Hijo de Dios igual al Padre, **lo confiesan también los Apóstoles.** Un día les pregunta: *«Y ¿vosotros quién decís que soy yo?». Pedro, en nombre de los doce, confiesa: «Tú eres el Mesías, el Hijo del Dios vivo»* (Mt 16, 13-16). Y el apóstol Tomás, primero incrédulo, confiesa después, al ver a Jesús resucitado: *¡Señor mío y Dios mío!* (Jn 20, 26-29).
- Jesús se mostró como Dios incluso ante **sus enemigos.** Y así ellos lo entendieron claramente; por eso lo rechazaron, porque se hacía *igual a Dios* (Jn 5, 18).
- La **resurrección de Jesucristo** es la prueba definitiva de su divinidad. En efecto, él muestra su condición divina en el hecho de haber resucitado en el sepulcro. La muerte no es el mal definitivo si después viene la Resurrección. Por obra del Redentor, la muerte deja de ser un mal, pues está sometida al poder de la vida.

La divinidad de Jesucristo lo diferencia de los fundadores de otras religiones (Buda, Mahoma, etc.), los cuales se presentan solo como profetas que hablan de un Dios al que afirman conocer.

La fe en Cristo como Dios y Señor (igual al Padre y al Espíritu Santo) fue la fuerza que impulsó a los primeros cristianos a anunciar su nombre y a extender el cristianismo por todo el mundo conocido. Y, por confesar ese santo nombre, millones de cristianos de todos los tiempos se han jugado la vida; en muchísimas ocasiones, han llegado hasta el martirio.

info

El anuncio de la Buena Noticia

Desde el primer momento, los discípulos desearon ardientemente anunciar a Cristo, a fin de llevar a todos los hombres a la fe en él. También hoy, el deseo de evangelizar y catequizar, es decir, de revelar en la persona de Cristo todo el designio de Dios y de poner a la humanidad en comunión con Jesús, nace de este conocimiento amoroso de Cristo.

El propio Jesús había dado como argumento máximo de su divinidad el hecho de su propia resurrección.

actividades

8. Relaciona. La divinidad de Jesucristo es declarada por...

a la voz del Padre Eterno. **b** las propias palabras de Jesús. **c** sus propias obras (milagros). **d** los Apóstoles. **e** sus propios enemigos.

1 *Si no me creéis a mí, creed por mis obras.* **2** *Tú eres el Cristo, el Hijo de Dios vivo.* **3** La rechazaban porque se hacía igual a Dios. **4** *Este es mi Hijo amado.* **5** *Yo y el Padre somos uno.*

9. ¿Qué milagro, de los que hizo Jesús, prueba de modo definitivo su divinidad? ¿Por qué?

10. CT Reflexionad sobre las siguientes cuestiones y poned vuestras conclusiones en común.

a ¿Todos los seres humanos pueden conocer la divinidad de Jesucristo?
b ¿Qué hace que unas personas acepten a Jesucristo como Dios y otras no?
c ¿Qué condiciones deberían darse para reconocer su divinidad?

3. Jesús, verdadero hombre

Jesucristo, perfecto hombre, nos muestra qué significa realmente ser hombre. En la actualidad, alcanzar una vida plena de logros se identifica con tener éxito, no vivir con preocupaciones ni sufrimientos, etcétera. Jesús, sin embargo, nos enseñó algo muy distinto: el valor de una persona se mide por su humildad, su pobreza y su entrega a los demás.

En los evangelios se narran numerosos episodios en los que se muestra que Jesús es verdadero hombre. Así, podemos leer que Jesucristo *ha sido probado en todo, como nosotros, menos en el pecado* (Heb 4, 15).

La Encarnación del Hijo de Dios, hecho que cambió el rumbo de la humanidad, sucedió en un pequeño pueblo perdido y desconocido para los grandes del mundo (Jn 1, 14). Ya en Belén se vislumbra la **grandeza de lo pequeño y lo humilde a los ojos de Dios.** *Y sucedió que, mientras estaban allí, le llegó a ella el tiempo del parto y dio a luz a su hijo primogénito, lo envolvió en pañales y lo recostó en un pesebre, porque no había sitio para ellos en la posada* (Lc 2, 6-7).

Poco sabemos de los treinta años de **vida oculta** de Jesús: era un artesano más en Nazaret. De esta manera, mostró el valor divino del trabajo y de la vida cotidiana, de la labor bien hecha y en beneficio de los demás.

Sabemos también que Jesús *iba creciendo en sabiduría, en estatura y en gracia ante Dios y ante los hombres* (Lc 2, 52) y que mantenía una **estrecha relación con el Padre**. A los doce años, María y José encontraron a Jesús en el templo después de tres días buscándolo. Él simplemente les contestó: «*¿Por qué me buscabais? ¿No sabíais que yo debía estar en las cosas de mi Padre?*» (Lc 2, 49).

info

«Hijo del hombre»

Con frecuencia, Jesús utiliza la expresión «Hijo del hombre» para referirse a sí mismo. Ya aparece en el libro de Daniel del Antiguo Testamento aludiendo a un mediador entre Dios y la Tierra, que reina sobre el mundo con poder y está cerca de Dios (Dn 7, 13-14). Jesús, al denominarse así, se presenta, no solo como un verdadero ser humano, sino como el modelo de realización plena de lo humano.

Pequeña Madonna de Cowper, de Rafael Sanzio. Siglo XVI.

actividades

11. Indica cuáles de los siguientes enunciados son verdaderos y cuáles, falsos.

a Jesucristo, al ser perfecto, no puede mostrarnos qué significa realmente ser hombre. **b** Jesús nos enseñó que el valor de una persona se mide por su humildad y su entrega a los demás. **c** La Encarnación del Hijo sucedió en un pueblo importante y conocido por los grandes del mundo. **d** Sabemos más de los treinta primeros años de Jesús que de los tres últimos.

12. CA Reflexiona sobre las siguientes cuestiones.

a Explica con tus palabras qué enseñanza podemos obtener de los treinta años de vida oculta de Jesús.
b ¿Qué valor das en tu vida cotidiana al silencio?, ¿y al trabajo bien hecho?

De adulto, podemos ver cómo Jesús **experimentó el hambre, la sed y el cansancio.** Tras ser bautizado por Juan, se retiró al desierto *y después de ayunar cuarenta días y cuarenta noches, al fin sintió hambre* (Mt 4, 2). En otra ocasión, cansado del camino, se detuvo junto a un pozo a descansar. Llegó una mujer a sacar agua y Jesús le dijo: *Dame de beber* (Jn 4, 7).

Asimismo, **sufrió como solo puede padecer un verdadero hombre.** Su cuerpo sufrió las torturas de la flagelación, la coronación de espinas y la crucifixión. En los últimos momentos de su agonía, Jesús dijo: *Tengo sed* (Jn 19, 28). Muchos testigos constataron que Jesús murió verdaderamente. Así, uno de los soldados, acercándose a Jesús crucificado, le traspasó el costado con su lanza *y al punto salió sangre y agua* (Jn 19, 34). José de Arimatea y Nicodemo descolgaron su cuerpo y lo llevaron al sepulcro del propio José.

Una vez resucitado, como los discípulos se resistían a creer que era él, les pidió algo de comer y tomó lo que le ofrecían *y comió delante de ellos* (Lc 24, 43).

Jesús se comportaba como un **maestro** y como un **amigo.** Era cercano a sus discípulos: convivía con ellos, comían juntos y realizaban acciones que resultan asombrosas para sus mismos seguidores, como la limpieza de pies de la Última Cena (Jn 13, 14). Se compadecía del dolor ajeno y mostró predilección por los pequeños, los indefensos, los pobres: *Dejad que los niños se acerquen a mí.* [...] *Y tomándolos en brazos los bendecía imponiéndoles las manos* (Mc 10, 14-16).

Es importante advertir que este lado visible de Jesús nos ayuda a adentrarnos en el invisible. «Puesto que Jesús se adentra en el misterio de Dios, no se lo puede comprender si excluimos la realidad divina invisible» (Youcat, n.º 78).

Fotograma de *Rey de reyes*, dirigida por N. Ray (1961).

info

Jesús se aparece a sus discípulos

Él se presentó en medio de ellos y les dice: «Paz a vosotros». Pero ellos, aterrorizados y llenos de miedo, creían ver un espíritu. Y él les dijo: «¿Por qué os alarmáis?, ¿por qué surgen dudas en vuestro corazón? Mirad mis manos y mis pies: soy yo en persona. Palpadme y daos cuenta de que un espíritu no tiene carne y huesos, como veis que yo tengo». Dicho esto, les mostró las manos y los pies. Pero como no acababan de creer por la alegría, y seguían atónitos, les dijo: «¿Tenéis ahí algo de comer?». Ellos le ofrecieron un trozo de pez asado. Él lo tomó y comió delante de ellos (Lc 24, 36-43).

actividades

13. CL Investiga en los evangelios y haz una lista de actitudes y comportamientos de Jesús que muestren que es verdadero hombre. Indica la actitud y reproduce el texto bíblico correspondiente.

14. CA Busca las siguientes citas evangélicas e indica, para cada una de ellas, en qué se concreta el amor ilimitado de Jesús por los seres humanos: en el perdón, en la acogida o en el servicio.
a Jn 8, 1-11. **b** Mt 20, 20-28. **c** Jn 6, 1-11.

15. ¿Te parece que el modo como Jesús nos enseña a ser hombres perfectos está de moda? Justifica tu respuesta.

fe y vida

La fe es seguir a Jesucristo

Los jóvenes de todas las épocas han sentido admiración por algunos de sus contemporáneos. Sin embargo, son muy pocos los personajes que, a lo largo de los siglos, han mantenido viva esa admiración. En realidad, solo ha existido uno: Jesucristo.

¿Cómo ha sido posible esto? Ha sido posible porque, para el cristiano, creer en Dios es creer en Jesucristo (Hch 3, 25-26). El cristianismo es, sobre todo, una persona: es Jesucristo. Cristo, cuando se conoce bien por la fe y el amor, se convierte en el mejor líder, maestro, atleta o personaje a quien imitar y seguir.

Los santos han sido los cristianos que mejor han seguido a Jesucristo: los más esforzados, valientes y decididos. Hay santos de todas las clases y de todas las épocas.

En los últimos años, la Iglesia ha beatificado o canonizado a mártires como Maximiliano Kolbe y Andrés Dung-Lac —cura vietnamita perseguido por su fe—, a fundadores como Josemaría Escrivá —fundador del Opus Dei— y Enrique de Ossó —fundador de la Congregación de Hermanas de la Compañía de Santa Teresa de Jesús—, a personas casadas, como los padres de santa Teresita del Niño Jesús, Luis Martín y Acelia María Guerin, y a niños, como Laura Vicuña y los pastorcitos de Fátima, Jacinta y Francisco.

La llamada a la santidad es para todos. Por eso ha habido santos en todas las épocas, los cuales han tenido algo en común: imitar a Jesús. No es una tarea fácil, pero tampoco imposible. Dios ofrece su gracia para que el bautizado se transforme en «otro Cristo» y viva la vida nueva de los hijos de Dios.

mejora tus competencias

1. CA Lee de nuevo el último párrafo del texto «La fe es seguir a Jesucristo». Si reflexionas partiendo de las siguientes preguntas, descubrirás que lo comprendes más profundamente.

a ¿Qué significa ser santo? **b** ¿Qué es la gracia que Dios nos ofrece? **c** ¿Cuándo y dónde podemos los cristianos recibir esa gracia? **d** ¿Qué obstáculos surgen que, a veces, nos impiden acercarnos a las fuentes de la gracia y, por tanto, seguir de verdad a Jesucristo?

2. CL CC Ved el video y realizad en grupo las siguientes actividades. ▶ ***Nadie te ama como yo*, de M. Valverde.**

a Copiad y comentad la letra de la canción; luego, resumid su mensaje en un enunciado. Todos los componentes del grupo han de estar de acuerdo en la idoneidad de ese enunciado como síntesis de la canción.
b Buscad la partitura en internet y preparad la canción para cantarla en el aula con vuestros compañeros.

fe y cultura

Los tres Magos, de A. Wolffort. Siglo XVI. El arte cristiano se enriqueció enormemente con situaciones y personajes cuando, a partir del siglo IV, comenzó a inspirarse en los evangelios apócrifos.

Los evangelios apócrifos

Los evangelios que la Iglesia reconoce como aquellos que transmiten fielmente lo que Jesús hizo y enseñó son los **evangelios canónicos.** Sin embargo, desde los primeros tiempos del cristianismo, han ido apareciendo relatos que abordan la vida y las enseñanzas de Jesús, pero que la Iglesia no acepta como inspirados por Dios ni como expresión auténtica de la Tradición Apostólica. Estos textos se suelen denominar **evangelios apócrifos.**

El término *apócrifo,* que significa 'oculto', hace referencia al hecho de que muchos de ellos se dirigían a grupos cerrados, alejados de las enseñanzas de la Iglesia. En ocasiones, en ellos aparece una visión radicalmente diferente del Jesús de los evangelios canónicos; son ejemplos los evangelios de Felipe, Tomás, María Magdalena y Judas. Presentan supuestas «revelaciones» secretas de Jesús que estarían dirigidas a unos pocos escogidos. Estas narraciones carecen de credibilidad.

A veces, los evangelios apócrifos pretenden completar los espacios de la biografía de Jesús que existen en los canónicos. Son, por ejemplo, los denominados **evangelios de la infancia y de la vida de María** (el más famoso de ellos es el *Protoevangelio de Santiago).* Narran, con una finalidad piadosa, el nacimiento y la infancia de la Virgen, los milagros que habría realizado Jesús cuando era niño, la muerte de san José y la visita de los Reyes Magos. Estas fabulaciones han sido motivo de inspiración para muchos artistas.

mejora tus competencias

3. CL CA Lee el siguiente fragmento del evangelio apócrifo armenio de la infancia de Jesús, supuestamente escrito por el apóstol Santiago, y realiza las actividades.

«Y los Magos llegaron gozosos a la entrada de la cueva. Y, divisando al niño en el pesebre de los animales, se prosternaron ante él y todo el resto de la multitud que componía su numeroso ejército. [...] En primer término, se adelantó Gaspar, rey de la India, llevando nardo, cinamomo, canela, incienso y otras esencias olorosas y aromáticas, que esparcieron un perfume de inmortalidad en la gruta. Después, Baltasar, rey de la Arabia, abriendo el cofre de sus opulentos tesoros, sacó de él, para ofrendárselos al niño, oro, plata, piedras preciosas, perlas finas y zafiros de gran precio. A su vez, Melkon, rey de la Persia, presentó mirra, áloe, muselina, púrpura y cintas de lino».

a Compara esta narración con Mt 2, 7-11 y anota las diferencias. **b** El evangelio del que se ha extraído este fragmento no atenta contra las enseñanzas de la Iglesia; sin embargo, esta no lo ha reconocido. ¿Puedes indicar la principal diferencia entre los evangelios apócrifos y los canónicos? **c** Prepara una intervención en el aula, de unos tres minutos, en la que expliques el siguiente enunciado de Orígenes (siglo III d. C.): «La Iglesia tiene cuatro evangelios; los herejes, muchísimos».

síntesis

LA FE EN JESUCRISTO

- **Existencia histórica**
  - **Fuentes cristianas**
    - Libros canónicos del Nuevo Testamento
    - Obras de los primeros escritores cristianos
    - Evangelios apócrifos
- **Vida y mensaje**
  - **Narrados en los evangelios**
    - Libros históricos
    - Libros auténticos
    - Libros veraces
- **Verdadero Dios y verdadero hombre**
  - **Sus obras y palabras manifiestan su humanidad**
  - **Sus obras y palabras manifiestan su divinidad**
    - Lo afirma la voz de Dios Padre
    - Él mismo lo afirma
    - Sus obras lo manifiestan
    - Lo confiesan los Apóstoles
    - La Resurrección lo prueba definitivamente

si me preguntan, qué respondo

¿Cuál es el principal testimonio de la vida y la doctrina de Jesús?

El principal testimonio de la vida y la doctrina de Jesús son los evangelios de Mateo, Marcos, Lucas y Juan, incluidos en el Nuevo Testamento (Compendio del CEC, n.° 22).

¿Qué confesamos los cristianos sobre Jesucristo?

Los cristianos confesamos en el Credo que Jesucristo es verdadero Dios y verdadero hombre, de manera indivisible. Él es el Hijo de Dios que se ha hecho hombre para salvarnos de nuestros pecados y darnos la vida eterna (Compendio del CEC, n.° 87).

¿Cómo sabemos que Jesucristo es verdadero Dios?

Sabemos que Jesucristo es Dios porque lo declaró así Dios Padre y el mismo Jesús afirmó su divinidad y lo atestiguó con sus milagros, en especial, con su resurrección. La resurrección de Jesucristo es la verdad culminante de nuestra fe en su divinidad (Compendio del CEC, n.° 126).

¿Quiénes están llamados por Dios a la santidad?

Todos los bautizados en la Iglesia de Cristo estamos llamados a la santidad. Esta es plenitud de la vida cristiana y perfección de la caridad, y se realiza en el seguimiento de Jesucristo y en la unión plena con él y, en él, con la Santísima Trinidad (Compendio del CEC, n.° 428).

aCtividadeS

1. Señala la respuesta correcta. Los principales testimonios cristianos sobre la vida de Jesús están en...

   a las epístolas de san Pablo.
   b el Talmud.
   c los cuatro evangelios.
   d el Antiguo Testamento.

2. Completa la siguiente afirmación.

   Los evangelios son una fuente histórica porque conocemos a sus [...] y su [...] de composición; porque las copias son fieles al original sin [...] ni variantes, y porque sus autores nos cuentan la [...], pues fueron [...] de lo que narran.

3. ¿Por qué los milagros son signos de la divinidad de Jesucristo? ¿Cuál es el fundamental? Razona tus respuestas.

4. ¿Qué explicación tienen las diferencias que se dan entre los relatos de los cuatro evangelistas?

5. Lee el siguiente texto y contesta a las preguntas.

   «Las lamentaciones en el campamento de concentración y el nerviosismo en los recién llegados eran indescriptibles. Edith Stein iba de una parte a otra entre las mujeres, consolando, ayudando, tranquilizando como un ángel. Muchas madres, a punto de enloquecer, no se habían ocupado de sus hijos durante días. Edith se ocupaba inmediatamente de los pequeños, los lavaba, peinaba y les buscaba alimento».

   a ¿La actitud de Edith Stein responde al paradigma de humanidad que Jesús propone?
   b Explica por qué no es posible comprender a Jesús y su mensaje si se excluye su realidad divina.

6. CI Explica, poniendo ejemplos, cómo puede seguir a Jesucristo un cristiano de tu edad en pleno siglo XXI.

7. CC En el siglo XX se descubrieron, junto al mar Muerto, unos documentos antiguos que habían escrito los esenios. Busca información en internet sobre esos códices (Qumrán) y explica lo que han aportado sobre la historicidad de los evangelios.

8. CL Jesús hizo numerosos milagros, signos de su divinidad. Busca uno en los evangelios y relátalo por escrito con tus propias palabras.

9. Lee 1 Jn 1, 1-3 y busca en el evangelio de san Juan algunos pasajes en los que él aparezca como testigo presencial.

7 Jesús está presente en la Iglesia (I)

interpretamos

1. ¿Sabes qué día fuiste bautizado?
2. ¿Qué actitudes sería lógico tener el día del aniversario de nuestro Bautismo?
3. ¿Eres capaz de explicar por qué es conveniente recibir la Confirmación?

voy a las fuentes

PDF Mt 28, 16-20

La Iglesia hace presente a Cristo

1. La liturgia: un encuentro de Dios con los hombres

info

Una celebración festiva

La liturgia es una celebración festiva de la fe. Dios es amor; quiere bendecirnos y que participemos en la alegría del Padre, el Hijo y el Espíritu Santo. Por eso, los actos de culto deben ser celebraciones llenas de belleza y energía. Además de los dones de la tierra —el pan, el vino o el aceite—, la música, la luz, el perfume, los colores..., contribuyen a la belleza y dignidad de la celebración.

Jesucristo, a lo largo de su vida en la Tierra, curó a los enfermos, consoló a los tristes, perdonó a los pecadores... Jesús es Dios hecho hombre que nos trae el amor misericordioso de su Padre.

Este amor sin medida lo llevó a dar la vida por nuestra Salvación, pues había venido al mundo para devolvernos a los hombres la amistad con Dios: más aún, para hacernos hijos de Dios.

Toda esta **gracia,** todo este desbordamiento del amor de Dios, no se dirigía únicamente a sus contemporáneos: tenía que perdurar a lo largo del tiempo.

Ya hemos dicho que esa es precisamente la misión de la **Iglesia:** hacer llegar a todos los seres humanos los frutos de la Redención de Jesucristo. Mediante la liturgia, a través de la **celebración de los sacramentos,** tiene lugar este encuentro entre Dios y los hombres.

En cada sacramento, y de modo especial en la Eucaristía, Cristo mismo sale al encuentro del hombre para comunicarle sus bienes. Este es exactamente el objeto de los sacramentos. ¿Para qué somos bautizados? ¿Con qué fin confesamos nuestros pecados? ¿Para qué comulgamos? Para llenarnos de la vida de hijos de Dios, de la vida de la gracia, que nos infunde el **Espíritu Santo.**

Además, con las celebraciones litúrgicas, el cristiano puede ofrecer a Dios el culto de adoración, alabanza y acción de gracias que le debe. Así pues, el culto cristiano no es una invención humana: no se trata de un conjunto de ritos nacidos de la religiosidad natural del hombre, sino que Dios mismo lo ha entregado a la Iglesia por medio de su Hijo.

El año litúrgico y sus tiempos. PDF **La liturgia.**

actividades

1. Señala las afirmaciones que son verdaderas y corrige las falsas.
   a Mediante las celebraciones litúrgicas, el hombre puede dar gracias a Dios, alabarlo y adorarlo. **b** Cristo sale al encuentro del hombre de manera especial en la Eucaristía. **c** Los sacramentos nos llenan de sabiduría humana. **d** La misión de la Iglesia consiste en llevar a todos los hombres los frutos de la civilización.
2. CL Formad grupos de tres o cuatro personas y explicad con vuestras palabras por qué la Iglesia es necesaria en el plan salvador de Jesús. Escribid un texto conjunto.
3. Corrige el siguiente enunciado.
   La Iglesia instituyó los sacramentos en los primeros siglos para cumplir la misión que Cristo le había encomendado.

2. Los sacramentos de la Iglesia

«Los sacramentos son signos sensibles y eficaces de la gracia, instituidos por Cristo y confiados a la Iglesia, a través de los cuales se nos otorga la vida divina» (Compendio del CEC, n.º 224).

Los sacramentos son signos sensibles

Un beso, un apretón de manos o un abrazo son signos que utilizamos para expresar sentimientos de afecto. Un golpe en el pecho puede manifestar un sentimiento de culpa; las manos unidas, una petición…; hay muchos gestos más.

Con los sacramentos ocurre algo parecido: el agua del Bautismo significa la limpieza del alma, el pan simboliza el alimento, la imposición de las manos representa la transmisión de un poder, etc. Son **signos** porque representan algo, y son **sensibles** porque se pueden ver, tocar y oír.

Los sacramentos son signos eficaces

Lo propio de los signos sacramentales es que son eficaces, ya que aquello que representan sucede realmente. Es decir, el signo del agua en realidad limpia y vivifica, el pan alimenta el alma, la imposición de las manos transmite un poder espiritual… Por eso decimos que los sacramentos **realizan aquello que significan:** por medio del signo de cada sacramento, el Espíritu Santo actúa en el alma de cada persona y la transforma espiritualmente.

Los sacramentos son eficaces por sí mismos, pues no dependen de la santidad de quien los administra, sino de la acción de Cristo. Su mayor o menor eficacia en el alma depende de las **disposiciones interiores** de quien los recibe.

La Iglesia administra los sacramentos

«Jesús ha confiado la transmisión de sus palabras y signos no a una masa anónima, sino a los Apóstoles y a sus sucesores. Podemos decir que no colocó sus dones en la red con libre acceso, sino que los albergó en un dominio propio. Los sacramentos existen *para* la Iglesia porque ella se alimenta y se perfecciona mediante los sacramentos. Y existen *por* la Iglesia porque ella es quien puede transmitirlos» (Youcat, n.º 175).

¿Qué son los sacramentos?

info

Jesucristo instituyó siete sacramentos

Ya sabes que los sacramentos de la Iglesia son siete: Bautismo, Confirmación, Eucaristía, Penitencia, Unción de los enfermos, Orden y Matrimonio. Son estos y no otros: nadie puede suprimir uno ni añadir otro nuevo, porque no son un invento humano; Jesucristo los instituyó en determinados momentos de su vida. Así lo han enseñado los Apóstoles, así lo recogen los evangelios y así lo ha transmitido la Iglesia.

actividades

4. Señala las opciones correctas. Los sacramentos…

a son signos que nos acercan a los misterios divinos. **b** han sido instituidos por los Apóstoles. **c** realizan aquello que significan.

5. CL ¿Qué sacramento, de los siete que administra la Iglesia, te parece el central y más importante de todos? Razona tu respuesta considerando lo que se expone en el n.º 250 del Compendio del CEC.

3. Los siete Sacramentos

La acción de Cristo y del Espíritu Santo da vida y construye la Iglesia. Gracias a los sacramentos, los miembros de la Iglesia fortalecen, alimentan y expresan su fe. Hay una cierta semejanza entre las etapas de la vida natural y de la vida sobrenatural.

Sacramentos de iniciación	
Comparables al origen, crecimiento y mantenimiento de la vida, nos van incorporando a la vida sobrenatural.	
Bautismo	Se nace a la vida nueva en Cristo, que nos hace hijos de Dios y miembros de la Iglesia.
Confirmación	Fortalece la vida sobrenatural iniciada en el Bautismo, por la acción del Espíritu Santo.
Eucaristía	Recibimos el Cuerpo y la Sangre de Cristo para que la vida de la gracia se desarrolle, madure y fructifique.
Sacramentos de curación	
La vida nueva de hijos de Dios que recibimos en el Bautismo puede debilitarse o, incluso, perderse a causa del pecado. Estos sacramentos tienen el poder de sanar y reconfortar el alma.	
Reconciliación	Perdona los pecados por la misericordia de Dios y nos reconcilia con la Iglesia.
Unción de los enfermos	Los fieles gravemente enfermos o ancianos son reconfortados por la gracia.
Sacramentos de servicio a la comunidad	
Confieren una misión particular dentro de la Iglesia.	
Orden	Los fieles ordenados continúan la misión que los Apóstoles recibieron de Cristo y transmitieron a sus sucesores.
Matrimonio	Los fieles unidos por el matrimonio son fortalecidos para santificar su unión y sus deberes familiares.

En verdad, en verdad te digo: el que no nazca de agua y de Espíritu no puede entrar en el Reino de Dios (Jn 3, 5).

actividades

6. Relaciona cada sacramento con lo que le corresponda.

   a Bautismo. **b** Confirmación. **c** Eucaristía. **d** Matrimonio. **e** Reconciliación.

   1 Alimento. **2** Nacimiento a la vida de la gracia. **3** Hace que la fe madure y crezca. **4** Cura y fortalece a los fieles en la vida de la gracia debilitada o perdida. **5** Santifica la unión de un hombre y una mujer.

7. Expresa en una frase el sentido y la finalidad de los sacramentos.

4. El sacramento del Bautismo

Id, pues, y haced discípulos a todos los pueblos, bautizándolos en el nombre del Padre y del Hijo y del Espíritu Santo (Mt 28, 19). Estas son las últimas palabras de Jesús, recogidas en el evangelio de san Mateo. Y en los Hechos de los Apóstoles podemos leer que los Apóstoles bautizaban a aquellos que creían en Cristo tras oír su predicación.

La necesidad del Bautismo

El Bautismo es el acceso a la Iglesia y a los demás sacramentos; es algo así como el inicio de la comunión con Dios. Puesto que la Salvación de Jesucristo nos llega por el Bautismo, este sacramento es necesario para salvarse. Naturalmente, quienes no han conocido a Cristo ni a la Iglesia también se pueden salvar si buscan a Dios con sinceridad y viven según los dictados de su conciencia, porque Cristo ha muerto por todos.

Puede recibir el Bautismo cualquier persona no bautizada que haya manifestado personalmente su fe, o por medio de sus padres y de la Iglesia en el caso de los niños.

El rito del Bautismo

Si bien la ceremonia del Bautismo tiene diversas partes y elementos, lo esencial consiste en sumergir en agua al candidato o derramar agua sobre su cabeza mientras se invoca el nombre del Padre y del Hijo y del Espíritu Santo.

Efectos del Bautismo

- Perdona el pecado original, todos los pecados personales que hayamos cometido y todas las penas que se deban a ellos.
- Infunde la gracia santificante, que convierte al bautizado en hijo de Dios y lo incorpora a Cristo y a su Iglesia.
- Otorga las virtudes teologales (fe, esperanza y caridad) y los dones del Espíritu Santo.
- El bautizado queda marcado por el llamado carácter sacramental: pertenece a Cristo para siempre.

info

¿Quién puede bautizar?

El ministro ordinario del Bautismo es el obispo, el sacerdote o el diácono. En caso de necesidad, cualquiera puede bautizar, incluso un no bautizado, siempre que tenga intención de hacer lo que hace la Iglesia. Solo tiene que derramar agua sobre la cabeza del candidato mientras dice: «Yo te bautizo en el nombre del Padre y del Hijo y del Espíritu Santo». Esta facilidad en la administración demuestra la importancia del Bautismo.

actividades

8. Indica qué enunciado se corresponde más con el Bautismo.

a Es el único sacramento que se recibe antes de la mayoría de edad. **b** Es un sacramento conveniente para salvarse, pero no necesario. **c** Es absolutamente necesario tener uso de razón para recibirlo. **d** Es la puerta de entrada a la Iglesia.

9. ¿Por qué el Bautismo no se puede recibir varias veces?

10. CL Leed el n.º 197 del Youcat y, en grupo, elaborad un esquema sobre las razones que avalan el Bautismo de los niños.

5. El sacramento de la Confirmación

info

Cristo actúa en nuestra vida

«La Confirmación es obra de Dios, que se preocupa de que nuestra vida sea plasmada a imagen de su Hijo, de hacernos capaces de amar como él, infundiéndonos su Espíritu Santo. [...] Cuando lo recibimos en nuestro corazón, Cristo mismo se hace presente y toma forma en nuestra vida: es él quien reza, perdona, infunde esperanza, sirve a los hermanos más necesitados, crea comunión y siembra la paz en nuestra vida. ¡Es él el que hace eso!» (Francisco, audiencia general del 29 de enero de 2014).

Recibiréis la fuerza del Espíritu Santo que va a venir sobre vosotros y seréis mis testigos en Jerusalén, en toda Judea y Samaria y hasta el confín de la Tierra (Hch 1, 8).

Jesús cumplió su promesa el día de Pentecostés. Esa jornada, los Apóstoles fueron confirmados y fortalecidos en la fe al recibir con una especial fuerza el don del Espíritu Santo. A partir de entonces, los Apóstoles comenzaron a bautizar y a administrar el sacramento de la Confirmación, mediante la **imposición de las manos,** como se lee en los Hechos de los Apóstoles:

Cuando los Apóstoles, que estaban en Jerusalén, se enteraron de que Samaria había recibido la Palabra de Dios, enviaron a Pedro y a Juan; ellos bajaron hasta allí y oraron por ellos, para que recibieran el Espíritu Santo; pues aún no había bajado sobre ninguno; estaban solo bautizados en el nombre del Señor Jesús. Entonces les imponían las manos y recibían el Espíritu Santo (Hch 8, 14-17).

Efectos de la Confirmación

- Infunde el Espíritu Santo en el alma para reforzar la gracia del Bautismo e imprime en ella el sello indeleble del carácter sacramental.
- Comunica a los fieles la filiación divina más profundamente y los une con firmeza a Cristo y a la Iglesia.
- Infunde al creyente la fuerza necesaria para comportarse como verdadero testigo de Cristo en el mundo.

Por las gracias que concede el sacramento de la Confirmación, se suele decir que el bautizado adquiere la condición de adulto en la Iglesia y se convierte en apóstol de Cristo.

El sacramento de la Confirmación.

actividades

11. Señala si estas afirmaciones son verdaderas o falsas.

a Los Apóstoles fueron confirmados en la fe el día de la Última Cena. **b** El día de Pentecostés, los Apóstoles recibieron plenamente el don de la gracia. **c** Los diáconos confirmaban a quienes habían recibido el Bautismo mediante la imposición de las manos. **d** El evangelio según san Marcos relata cómo los Apóstoles administraban la Confirmación.

12. ¿Cuáles de estos efectos son propios del sacramento de la Confirmación?

a Concede una fuerza especial para dar testimonio de la fe. **b** Capacita para el ejercicio del ministerio sacerdotal. **c** Perdona los pecados cometidos. **d** Nos reconcilia con Dios. **e** Imprime el carácter sacramental. **f** Une más firmemente con Cristo y con la Iglesia.

6. La celebración de la Confirmación

El **sujeto** que puede recibir la Confirmación es cualquier persona bautizada que aún no se haya confirmado. Para recibirla con fruto, es necesario estar en gracia de Dios, sin conciencia de pecado grave. Y solo se puede recibir una vez, debido al carácter definitivo que imprime en el alma.

Como ya se ha explicado, los Apóstoles oraban e imponían las manos a los nuevos cristianos para que recibieran plenamente el don del Espíritu Santo (Hch 8, 17). El **ministro** ordinario de la Confirmación, por tanto, es el obispo. Este hecho expresa también la vinculación del confirmado con la Iglesia, dado que el obispo es un sucesor de los Apóstoles.

«Todo cristiano está llamado a ser un buen atleta de Cristo; es decir, un testigo fiel y valiente del Evangelio» (san Juan Pablo II).

El **rito de la Confirmación** comprende los siguientes actos:

- Presentación de los confirmandos.
- Renovación de las promesas del Bautismo.
- Rito sacramental:
  - El obispo impone las manos y ora con ellas extendidas sobre quien se va a confirmar.
  - Unge la frente del candidato con el santo **Crisma*** mientras dice: «[Nombre], recibe por esta señal el don del Espíritu Santo».

La imposición de las manos es señal de bendición y de envío a la misión de dar testimonio de Jesucristo. La unción con el óleo perfumado tiene un doble significado: es signo de vigor, por el aceite que se usaba para el combate, y es señal de buen aroma, por las buenas obras que debe practicar el cristiano.

La Confirmación refuerza la vocación a la santidad que se recibe con el Bautismo. Es una llamada a vivir en la práctica la fe que profesamos. En algunas ocasiones, ejercer la fe cristiana requiere el heroísmo de los mártires, pero la mayoría de las veces tendremos que dar testimonio de nuestra fe, también heroicamente, en la vida diaria.

vocabulario

Crisma: mezcla de aceite y bálsamo bendecidos por el obispo, que se usa para algunos sacramentos, como la Confirmación y el Bautismo.

actividades

13. Termina estos enunciados inacabados.

a Puede recibir la Confirmación cualquier persona bautizada, [...]. **b** Para recibir con fruto la Confirmación, es necesario [...]. **c** La Confirmación solo se puede recibir una vez, porque [...]. **d** Con la Confirmación se recibe plenamente el don del [...].

14. Completa este enunciado.

El sacramento de la Confirmación se confiere mediante la [...] de las manos y la unción con el [...], y a través de las palabras: [...].

15. CL Explica el significado de estos signos en el rito de la Confirmación.

a Imposición de las manos. **b** Unción con óleo perfumado.

fe y vida

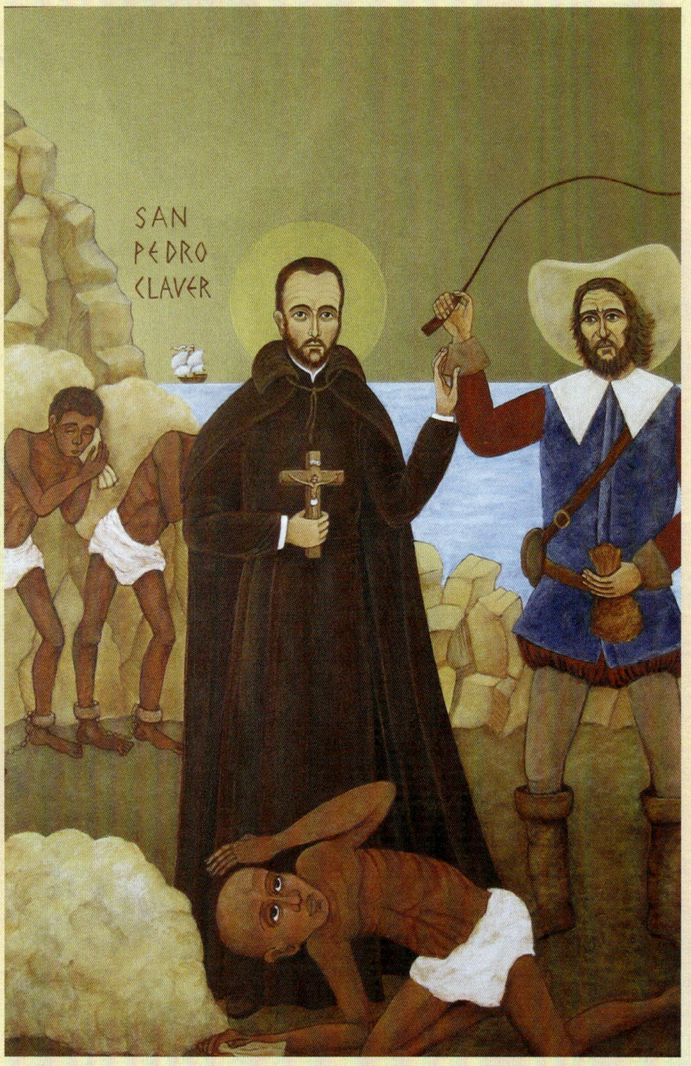

Brille así vuestra luz ante los hombres, para que vean vuestras buenas obras y den gloria a vuestro Padre que está en los cielos (Mt 5, 16).

San Pedro Claver, apóstol de los esclavos

San Pedro Claver fue un sacerdote jesuita que dedicó su vida al cuidado de los miles de esclavos que llegaban a Cartagena (Colombia) en condiciones inhumanas.

Nacido en 1580, Pedro sintió la llamada mientras estudiaba en la Universidad de Barcelona. Tras un período de formación, lo destinaron a Colombia, donde completó sus estudios y recibió la ordenación sacerdotal en Cartagena de Indias a los 35 años.

En la época en la que vivió, el puerto de Cartagena, en el mar Caribe, era el principal mercado de esclavos de América. A él llegaban barcos procedentes de las costas africanas que iban cargados de esclavos, muchos de ellos, enfermos. La diferencia entre el precio de compra y el de venta de un esclavo convertía esta atroz actividad en un negocio altamente rentable que despertaba la avaricia de personas sin escrúpulos, sordas a las reiteradas condenas del Papa y otras autoridades de la Iglesia.

Pedro Claver no podía hacer nada para evitar tan trágica situación, pero creó un lema que lo guio el resto de su vida: «Pedro, esclavo de los negros para siempre». Cuando se enteraba de la llegada de un barco negrero, reunía a varios intérpretes y bajaba a las bodegas para llevar alimentos a los esclavos, tratarlos con afecto, darles consuelo y cuidar de los que estaban enfermos. Mientras estaban retenidos en el puerto, los instruía y los bautizaba. Esta abnegada labor hizo que tuviera muchos enemigos, pero él siguió adelante hasta su muerte, en 1654. Se calcula que llegó a catequizar y bautizar a más de 300 000 esclavos.

mejora tus competencias

1. **CL** **Reflexiona sobre la vida de san Pedro Claver realizando las siguientes actividades.**

- **a** Elabora una lista de virtudes cristianas ejercitadas heroicamente por Pedro Claver en Cartagena.
- **b** ¿Cuál es la principal y la que unifica a todas las demás?
- **c** ¿Por qué crees que Pedro llevaba a cabo esa labor? ¿Cuál era su motivación?
- **d** Piensa en algunas palabras de Jesús sobre las que, seguramente, Pedro Claver meditó en profundidad.
- **e** ¿Qué escena o escenas de la vida de Cristo te recuerdan lo que hizo?
- **f** ¿Cómo crees que valoraba a los hombres que llegaban en las bodegas de los barcos?

2. **CA** **Busca más información sobre san Pedro Claver en diversas fuentes. Añade algún aspecto de su vida misionera que te haya llamado la atención y a la que no se haga referencia en el perfil biográfico de esta página. Para finalizar, indica qué fuentes has manejado y qué criterios has seguido en tu selección.**

Celebrar Halloween y amar la vida

Tradicionalmente, en nuestra cultura, de profundas raíces cristianas, la muerte se ha venido considerando como un misterio doloroso, pero, a la vez, como algo natural a lo que no hay que temer porque significa el paso a la vida eterna.

En la cultura actual, sin embargo, se rechazan el sufrimiento, la enfermedad y la muerte. Estas realidades parecen haber perdido todo su sentido. Se intenta huir de ellas desvirtuándolas o desvalorizándolas en algunas celebraciones, como la fiesta de Halloween. La palabra *Halloween* significa 'víspera de Todos los Santos'. Tiene su origen en la festividad celta del Samhain y en la celebración cristiana de Todos los Santos.

Los cristianos, como las demás personas, procuramos evitar el sufrimiento y el dolor; y, por supuesto, no los buscamos. Pero sabemos que, tarde o temprano, aparecerán en nuestra vida. Y sabemos, además, que podemos darles un significado profundamente enriquecedor. Es posible santificar el sufrimiento uniéndonos a los sufrimientos de la pasión de Jesús.

Los cristianos amamos la vida apasionadamente y asumimos con paz la enfermedad y la muerte. «La gente —decía Teresa de Calcuta— me pregunta si espero con ilusión la muerte, y yo respondo: "¡Claro que sí!, porque iré a mi casa. Morir no es el fin, es solo el principio"». Por eso, para un cristiano, la festividad de Halloween es el día en que se celebra con alegría a aquellas personas que ya están con Dios en el cielo y reza para que estén en él todos aquellos que ya no se encuentran con nosotros.

Frente a prácticas de carácter pagano, los cristianos debemos proclamar a Cristo, luz verdadera, que ilumina la vida de todo ser humano.

mejora tus competencias

3. CL **Lee detenidamente este texto del Catecismo de la Iglesia católica, en el que se explica que Jesús también tuvo miedo a la muerte. Aunque debas leer el texto dos o tres veces para extraer todo su sentido, merece la pena que lo hagas.**

«El cáliz de la Nueva Alianza que Jesús anticipó en la [Última] Cena al ofrecerse a sí mismo, lo acepta a continuación de manos del Padre en su agonía de Getsemaní haciéndose "obediente hasta la muerte". Jesús ora: "Padre mío, si es posible, que pase de mí este cáliz". Expresa así el horror que representa la muerte para su naturaleza humana. Esta, en efecto, como la nuestra, está destinada a la vida eterna; además, a diferencia de la nuestra, está perfectamente exenta de pecado, que es la causa de la muerte» (CEC, n.º 612).

a Explica con tus palabras la relación que establece aquí el Catecismo entre el cáliz de la Última Cena y el cáliz al que hace referencia Jesús en el Huerto de los Olivos.

b ¿Por qué el pecado es la causa de la muerte? ¿En qué parte de la Sagrada Escritura se afirma esto?

c Relaciona los efectos del sacramento del Bautismo con la esperanza del cristiano y su amor a la vida. Puedes leer los n.os 1 262 a 1 265 del Catecismo de la Iglesia Católica.

síntesis

LOS SACRAMENTOS

- **¿Qué son?**
  - Signos sensibles que transmiten la gracia de Dios
  - Son eficaces por sí mismos
- **Origen**
  - Instituidos por Cristo
  - Transmitidos por los Apóstoles
  - Confiados a la Iglesia
- **¿Cuáles son?**
  - **De iniciación**
    - **Bautismo**: Nacimiento a la vida de la gracia que nos hace hijos de Dios y miembros de Cristo
    - **Confirmación**: Fortalecimiento de la vida sobrenatural por la acción del Espíritu Santo
    - **Eucaristía**: Alimento espiritual para el crecimiento de la vida de la gracia
  - **De curación**
    - **Reconciliación**
    - **Unción de enfermos**
  - **De servicio**
    - **Orden sacerdotal**
    - **Matrimonio**
- **¿Para qué sirven?**
  - Nos ayudan a crecer en la santidad
  - Nos unen más a Dios y a los hermanos

si me preguntan, qué respondo

¿Cuál es la obra de Cristo en la liturgia?

Al entregar el Espíritu Santo a los Apóstoles, Cristo les ha concedido, a ellos y a sus sucesores, el poder de actualizar la obra de la Salvación por medio del sacrificio eucarístico y de los sacramentos, en los cuales él mismo actúa para comunicar su gracia a los fieles de todos los tiempos y en todo el mundo (Compendio del CEC, n.° 222).

¿Por qué los sacramentos son eficaces?

Los sacramentos son eficaces *ex opere operato* ('por la misma acción que se realiza') porque es Cristo quien actúa en ellos y quien da la gracia que significan, independientemente de la santidad personal del ministro (Compendio del CEC, n.° 229).

¿Cómo se realiza la iniciación cristiana?

La iniciación cristiana se realiza mediante los sacramentos que fundamentan la vida cristiana: los fieles, renacidos en el Bautismo, se fortalecen con la Confirmación y son alimentados en la Eucaristía (Compendio del CEC, n.° 251).

actividades

1. **CD CL Elabora una presentación sobre los sacramentos del Bautismo y la Confirmación. Debes utilizar imágenes y texto, los cuales tienen que hacer referencia a:**
   - **a** La escena evangélica de la institución del sacramento.
   - **b** El signo sacramental.
   - **c** Los efectos del sacramento.

2. **CL Lee estas escenas de los Hechos de los Apóstoles, en las que se relatan algunos bautismos. Luego, haz las actividades que siguen.**

   Hch 8, 5-13 • Hch 8, 26-39 • Hch 9,10-22
   Hch 10, 24-48 • Hch 16, 13-15 • Hch 16, 23-34

   - **a** ¿Quién es la persona o las personas bautizadas (sujetos)?
   - **b** ¿Quién las bautiza (ministro)?
   - **c** Escribe una oración precisa que describa el momento del Bautismo.

3. **Lee la escena de Pentecostés en los Hechos de los Apóstoles (Hch 2, 1-14) y contesta a las preguntas.**
   - **a** ¿Qué efecto tuvo en los Apóstoles la aparición de las lenguas de fuego?
   - **b** ¿Por qué la gente de Jerusalén se acercó a la casa en la que estaban los Apóstoles?
   - **c** ¿Qué prodigio llamó la atención de quienes acudieron?
   - **d** ¿Qué nos quiere decir la lista de nombres de los versículos 9-11?
   - **e** ¿Qué efecto produjo el primer discurso de Pedro? (Versículo 41)

4. **CL Vuelve a leer la escena de los Hechos de los Apóstoles que has leído en el apartado quinto de la unidad (Hch 8, 14-17) y resuelve las preguntas.**
   - **a** ¿Podemos afirmar que la distinción entre el Bautismo y la Confirmación existía ya en la primitiva Iglesia?
   - **b** ¿Cuál es el efecto de la Confirmación que más se destaca en este relato bíblico?
   - **c** ¿De manos de quién habían recibido el Bautismo los habitantes de Samaria? (Lee los versículos anteriores.)
   - **d** ¿Puedes relacionar este relato con el hecho de que el ministro de la Confirmación sea el obispo? Explícalo.

5. **CA Piensa en los efectos de la Confirmación y responde a las preguntas.**
   - **a** ¿Por qué crees que, por lo general, se recibe en los primeros años de la juventud?
   - **b** ¿A qué edad se suele recibir en tu diócesis?
   - **c** ¿Por qué es necesario un tiempo de preparación o catequesis?
   - **d** ¿Por qué las personas adultas que se bautizan suelen recibir la Confirmación en la misma ceremonia?

8 Jesús está presente en la Iglesia (II)

interpretamos

1. En el video has visto imágenes de misas multitudinarias y solemnes. ¿Las misas sencillas tienen el mismo valor? ¿Por qué?
2. ¿Has estado alguna vez en una Eucaristía que te haya impresionado especialmente? Comparte esa experiencia con tus compañeros.

PDF Lc 22, 7-20 **La institución de la Eucaristía**

1. El tesoro de la Iglesia

info

Participación en el sacrificio de Cristo

«Este sacrificio es tan decisivo para la salvación del género humano que Jesucristo lo ha realizado y ha vuelto al Padre solo después de habernos dejado el medio para participar de él, *como si hubiéramos estado presentes. Así, todo fiel puede tomar parte en él, obteniendo frutos inagotablemente. Esta es la fe de la que han vivido a lo largo de los siglos las generaciones cristianas. Esta es la fe que el Magisterio de la Iglesia ha reiterado continuamente con gozosa gratitud»* (La Iglesia vive de la Eucaristía, *n.° 11).*

De entre las diversas formas en que Jesucristo ha querido hacerse presente en la Iglesia, hay una singular: su presencia bajo las especies eucarísticas. En la Eucaristía, Jesucristo está verdaderamente presente: lo que nuestros ojos ven como pan y vino son, en realidad, el Cuerpo y la Sangre de Jesucristo vivo, real y verdadero.

Por eso, la Iglesia siempre ha considerado que la Eucaristía es su mayor tesoro: Jesucristo mismo. Y la considera «fuente y culmen de toda la vida cristiana» (Compendio del CEC, n.° 274).

La institución de la Eucaristía

Jesús ya había anunciado la Eucaristía en el llamado «discurso del pan de vida» que recoge el evangelio de san Juan: *Yo soy el pan vivo que ha bajado del cielo; el que coma de este pan vivirá para siempre. Y el pan que yo daré es mi carne por la vida del mundo.* Y, un poco más adelante, leemos: *Mi carne es verdadera comida, y mi sangre es verdadera bebida* (Jn 6, 51-55). Esas palabras tan sorprendentes se hicieron realidad el día anterior a su pasión.

La Santa Cena, de Juan de Juanes. Siglo XVI.

En la Última Cena, reunido con sus discípulos, Jesús tomó pan, lo partió y se lo dio, diciendo: *Tomad, comed: esto es mi Cuerpo.* Después, tomó un cáliz con vino y les dijo: *Bebed todos; porque esta es mi sangre de la Alianza, que es derramada por muchos para el perdón de los pecados* (Mt 26, 26-28).

Y, además, transmitió a los Apóstoles y a sus sucesores la misión de hacer lo mismo que él había hecho: *Haced esto en memoria mía* (Lc 22, 19). Cristo acababa de entregar a su Iglesia el memorial de su muerte y resurrección, el modo de participar y tener siempre presente el sacrificio que al día siguiente iba a ofrecer en la cruz para nuestra Salvación.

PDF **¿Qué pasó en la Última Cena?** **La institución de la Eucaristía.**

actividades

1. Di si estos enunciados son verdaderos o falsos.

- **a** En la Eucaristía, el pan y el vino son solo un símbolo del Cuerpo y la Sangre de Cristo.
- **b** En la Eucaristía, el pan y el vino son verdaderamente el Cuerpo y la Sangre de Cristo.
- **c** Jesús instituyó la Eucaristía en la Última Cena.
- **d** Jesús no había anunciado la Eucaristía antes de la Última Cena.

2. Ordena cronológicamente las siguientes intervenciones de Jesús.

- **a** *Haced esto en memoria mía.*
- **b** *Mi carne es verdadera comida, y mi sangre es verdadera bebida.*
- **c** *Yo soy el pan vivo que ha bajado del cielo.*
- **d** *Tomad, comed: esto es mi cuerpo.*

2. La Eucaristía como sacrificio

En la Última Cena, la entrega del Cuerpo y la Sangre del Señor bajo la apariencia de pan y vino fue una anticipación de lo que iba a ocurrir en el Calvario.

En efecto, al día siguiente, Cristo ofreció al Padre el sacrificio de su vida: **entregó su Cuerpo y derramó su Sangre** en la cruz por nuestra Salvación. Fue un sacrificio de valor infinito por el valor infinito de la víctima que se ofrecía.

Pues bien, aquel sacrificio del Hijo de Dios, ofrecido en Jerusalén hace dos mil años, **se hace presente y actual** cada vez que se celebra la **Eucaristía.**

«La Eucaristía es memorial del sacrificio de Cristo, en el sentido de que hace presente y actual el sacrificio que Cristo ha ofrecido al Padre, una vez para siempre, sobre la cruz, a favor de la humanidad» (Compendio del CEC, n.º 280).

Así pues, Jesús instituyó la manera de hacer presente a lo largo del tiempo su sacrificio redentor. Por eso la Misa se conoce también como el **sacrificio del altar.**

La participación en el sacrificio eucarístico

En la cruz, el Hijo de Dios se ofreció de un modo cruento y en la Eucaristía lo hace de una manera incruenta, sin sufrimiento ni derramamiento de sangre. Y lo hace por medio del sacerdote, que en ese momento hace las veces de Cristo; por eso dice «esto es mi Cuerpo», no «esto es el Cuerpo de Cristo».

Pero, además, los fieles no solo asisten a la Eucaristía, sino que también participan de ese sacrificio. La Iglesia y los creyentes se incluyen a sí mismos, uniendo sus alabanzas, sus sufrimientos, sus trabajos, sus oraciones, su vida entera, a los de Cristo; de este modo, les da una eficacia y un valor extraordinarios.

La Misa y el sacrificio de la cruz.

info

Los cuatro fines de la Misa

Cada vez que se celebra el sacrificio de la Eucaristía, se cumplen cuatro fines, los mismos por los que Cristo se ofreció en la cruz:

- ***Adorar*** *y* ***alabar*** *a Dios por su infinita bondad.*
- ***Dar gracias*** *a Dios por todos sus beneficios.*
- ***Reparar*** *a Dios por los pecados de toda la humanidad.*
- ***Pedir*** *a Dios su bendición por las necesidades de todos los hombres, vivos y difuntos.*

«La único sacrificio de Cristo, que completa y supera todos los sacrificios, se hace presente en la Eucaristía» (Youcat, n.º 212).

actividades

3. CA Explica cuál es la relación entre la Eucaristía y la pasión y muerte de Jesús.

4. ¿En qué sentido se afirma en el Catecismo que la Eucaristía es memorial del sacrificio de Cristo?

5. CL Piensa en la diferencia que existe entre las palabras *asistir* y *participar.* ¿Jesús nos invita a asistir o a participar en la Eucaristía? Justifica tu respuesta.

6. Corrige los siguientes enunciados.
   - **a** En la cruz, el Hijo de Dios se ofreció de una manera incruenta.
   - **b** En la Eucaristía, el Hijo de Dios se ofrece de una manera cruenta.
   - **c** En la cruz, el Hijo de Dios se ofreció por medio del sacerdote.
   - **d** En la Eucaristía, el sacerdote, como no es Cristo, dice: «esto es el Cuerpo de Cristo».

3. La Eucaristía como sacramento

Jesucristo, mediante la Eucaristía, además de brindarnos la posibilidad de participar en su sacrificio redentor para beneficiarnos de él, también nos ofrece su Cuerpo y su Sangre como alimento espiritual. En la Última Cena dijo a los discípulos: *Tomad y comed, tomad y bebed.* Y antes, en la sinagoga de Cafarnaúm, había afirmado: *Mi carne es verdadera comida, y mi sangre es verdadera bebida. El que come mi carne y bebe mi sangre habita en mí y yo en él* (Jn 6, 55-56).

En ese sentido, llamamos a la Eucaristía **banquete pascual,** porque Cristo nos entrega su Cuerpo y su Sangre, ofrecidos como comida y bebida, para unirnos estrechamente con él y entre nosotros. Es evidente que no se trata de un alimento cualquiera y que, por tanto, recibir el sacramento de la Eucaristía requiere unas **disposiciones adecuadas:**

- Estar plenamente incorporado a la Iglesia católica.
- Hallarse en gracia de Dios, es decir, sin conciencia de pecado mortal. Si no es así, hay que recibir antes el sacramento de la Reconciliación, así como también fomentar un espíritu de recogimiento y de oración para tener conciencia de lo que se está haciendo.
- En señal de respeto a Cristo, es preciso guardar el ayuno eucarístico (no comer desde una hora antes), acercarse con una actitud adecuada y con una vestimenta digna.

Efectos de la comunión eucarística:

- Une a los fieles con Cristo más íntimamente.
- Renueva las gracias recibidas en el Bautismo y la Confirmación.
- Aumenta la caridad hacia el prójimo.
- Perdona los pecados veniales y preserva de los mortales.

info

¿Es necesario comulgar?

La Eucaristía no es un sacramento absolutamente necesario para la Salvación, como el Bautismo, pero para un cristiano resulta indispensable. Si no coméis la carne del Hijo del hombre y no bebéis su sangre, no tenéis vida en vosotros. El que come mi carne y bebe mi sangre tiene vida eterna, y yo lo resucitaré en el último día (Jn 6, 53-54). Por eso, la Iglesia aconseja comulgar con frecuencia, con las debidas disposiciones. Establece como precepto mínimo hacerlo una vez al año, en tiempo de Pascua.

info

Los frutos de la comunión

Los que reciben la Eucaristía se unen más estrechamente a Cristo. Por ello mismo, la comunión renueva la vida de la gracia recibida en el Bautismo y la Confirmación y fortifica la unión de todos los fieles en la Iglesia. Fortalece, así, el amor al prójimo y purifica, perdonando los pecados veniales y preservando de futuros pecados (Compendio del CEC, n.° 292).

***Alma de Cristo*, de san Ignacio de Loyola.**

La sagrada comunión.

actividades

7. **Lee con atención las disposiciones necesarias para recibir el sacramento de la Eucaristía y contesta a las preguntas.**

a ¿Una persona no bautizada puede recibir la Eucaristía? ¿Por qué? **b** Si una persona ha cometido un pecado mortal y después lo ha confesado por medio del sacramento de la Reconciliación, ¿puede recibir la Eucaristía? **c** Si alguien no sabe que ha cometido un pecado mortal, ¿puede recibir la Eucaristía?

8. **Lee las siguientes palabras de san Juan Crisóstomo e indica con qué efecto de la comunión eucarística tienen relación.**

«Has gustado la Sangre del Señor y no reconoces a tu hermano. Dios te ha liberado de todos los pecados y te ha invitado a su mesa. Y tú, aun así, no te has hecho más misericordioso».

9. **¿Por qué crees que la Iglesia recomienda vivamente la comunión frecuente?**

4. La celebración de la Eucaristía

Acción de gracias.

La celebración eucarística se desarrolla en dos momentos principales que forman un solo acto de culto: «la liturgia de la Palabra y la liturgia eucarística» (Compendio del CEC, n.º 277).

Partes de la Misa dominical

Ritos iniciales

- Reunión de los fieles, entrada del sacerdote y beso del altar.
- Saludo inicial: «En el nombre del Padre y del Hijo y del Espíritu Santo».
- Acto penitencial para pedir perdón a Dios por los pecados y disponerse para la celebración: «Señor, ten piedad».
- Rezo o canto del Gloria, himno de alabanza a Dios.

Liturgia de la Palabra

- Lectura del Antiguo Testamento y salmo responsorial.
- Lectura del Nuevo Testamento y Aleluya.
- Lectura del santo Evangelio.
- Homilía del sacerdote para comentar la Palabra de Dios.
- Proclamación del Credo o Símbolo de la fe.
- Oración de los fieles, por las necesidades de todo el mundo.

Liturgia de la Eucaristía

- Presentación de las ofrendas (pan y vino) para el sacrificio, y oración sobre ellas.
- Plegaria eucarística:
  - Se inicia con el Prefacio, himno de acción de gracias, y el Santo.
  - El momento culminante de la plegaria eucarística es la consagración, cuando se realiza la transustanciación del pan y el vino en el Cuerpo y la Sangre de Cristo.
  - Doxología: «Por Cristo, con él y en él...».
- Padrenuestro y rito de la paz.
- Cordero de Dios y fracción del pan.
- Distribución de la comunión entre los fieles.

Ritos finales

- Oración final, después de un tiempo de silencio para la oración.
- Bendición final: «En el nombre del Padre y del Hijo y del Espíritu Santo», y despedida: «Podéis ir en paz».

actividades

10. ¿Cuáles son los dos momentos principales en los que se estructura la celebración de la Eucaristía?

11. Ordena estos diez momentos de la celebración de la Eucaristía.

a Lectura del Nuevo Testamento. **b** Padre Nuestro. **c** Entrada del sacerdote. **d** Homilía. **e** Santo. **f** Distribución de la comunión. **g** Gloria. **h** Cordero de Dios. **i** Acto penitencial. **j** Bendición final.

12. CI **En la estructura de la celebración de la Eucaristía hay partes esenciales y partes que se omiten en determinados días o tiempos litúrgicos. Plantea a tu párroco, o a alguna persona que pueda saberlo, estas preguntas.**

a ¿Se puede omitir la lectura del Evangelio de la celebración de la Eucaristía? **b** ¿En qué tiempo litúrgico no se pronuncia el Aleluya? **c** ¿Rezamos todos los días el Credo en la Eucaristía? ¿Y el Gloria?

5. El culto eucarístico

Las *Constituciones apostólicas* —escritas hacia el año 400— ya indican que, después de la comunión, se reserven las hostias sagradas en el sagrario, para que los fieles puedan adorar a Jesús sacramentado.

Jesús está presente en la Iglesia de diversas maneras: en su palabra, en los sacramentos, en los pobres, en los enfermos..., pero, sobre todo, está presente en la Eucaristía.

En la presencia eucarística se cumple literalmente la promesa que hizo Jesús a los discípulos poco antes de volver junto al Padre: *Y sabed que yo estoy con vosotros todos los días hasta el final de los tiempos* (Mt 28, 21).

Puesto que Cristo está verdaderamente presente en las hostias consagradas que quedan tras la celebración eucarística, estas se conservan con la máxima reverencia y se guardan en un vaso sagrado dentro del **tabernáculo** o **sagrario*.**

Se conservan por dos motivos: para poder llevar la comunión a los enfermos que no pueden asistir a la celebración eucarística y para facilitar la adoración de los fieles.

«Al sacramento de la Eucaristía se le debe rendir el culto de latría, es decir, de adoración reservada a Dios, tanto durante la celebración eucarística como fuera de ella» (Compendio del CEC, n.º 286).

Por este motivo, el tabernáculo es el lugar más venerable de una Iglesia, y los fieles expresan ese respeto y esa adoración mediante el gesto de la **genuflexión*.** La Iglesia también aconseja a los fieles que dediquen un tiempo a permanecer en silencio ante Jesús sacramentado, en actitud de adoración y de amor.

Además de esta adoración privada, la sagrada Eucaristía también se presenta a los fieles para la adoración pública y solemne. Es lo que se hace, por ejemplo, en la solemnidad del Corpus Christi, cuando se lleva el Santísimo Sacramento en la custodia por las calles de muchos pueblos y ciudades.

vocabulario

Tabernáculo o sagrario: lugar del templo donde se guarda a Jesús sacramentado.

Genuflexión: acción de doblar la rodilla, bajándola hasta el suelo, en señal de adoración.

PDF **Reflexiones de Teresa de Calcuta sobre la Eucaristía**

Presencia de Jesús en la Eucaristía.

actividades

13. Corrige los siguientes enunciados.

- **a** Puesto que, después de la celebración eucarística, Cristo ya no está verdaderamente presente en las hostias consagradas que quedan, no debemos venerarlas.
- **b** El lugar más venerable de una iglesia es la sacristía.
- **c** La genuflexión es el gesto de hacer la señal de la cruz en el nombre del Padre y del Hijo y del Espíritu Santo.

14. Pon un ejemplo de una adoración privada de la sagrada Eucaristía y otro ejemplo de una adoración pública.

15. CD Busca en internet y copia en tu cuaderno una oración de adoración al Santísimo Sacramento.

6. El día del Señor

El tercer mandamiento de la ley de Dios, santificarás las fiestas, hace referencia al deber de alabar a Dios y a la necesidad de descanso por parte del hombre. Esta era la finalidad del reposo del sábado en Israel, en recuerdo del descanso de Dios al término de la Creación, según el relato del Génesis.

Para los cristianos, el domingo ha sustituido al sábado, porque es el día de la resurrección de Cristo. En este sentido, cada domingo es una pequeña fiesta de Pascua, la fiesta de las fiestas.

Desde el primer momento, los cristianos se reunían el primer día de la semana para celebrar la Eucaristía y escuchar las enseñanzas de los Apóstoles. Documentos cristianos muy antiguos recogen esta tradición: «Reuníos cada domingo, partid el pan y dad gracias a Dios» (*Didaqué*, n.º 14, siglo I).

La Iglesia manda como precepto grave participar en la Eucaristía todos los domingos y en algunas fiestas señaladas. No es un mandato arbitrario y sin sentido. De este modo, la Iglesia cumple su misión de ayudar espiritualmente a sus hijos: sería muy grave, desde el punto de vista moral, que el hombre se olvidara de su Creador. También sería imposible el mantenimiento de la vida de la gracia si se abandonara de modo voluntario la participación en la Eucaristía.

Pero **santificar el día del Señor** no se reduce a ir a Misa para rendir a Dios el culto que se le debe. El domingo ha de ser un día que permita cuidar la vida religiosa, familiar, cultural, social, etc. Es una jornada de alegría y de descanso del alma y del cuerpo, que ha de servir para liberar al hombre del trabajo excesivo y del consumismo.

Razones para asistir a la Santa Misa.

info

¿Día del Señor o fin de semana?

«Sin el Señor y sin el día que le pertenece, no se realiza una vida plena. En nuestras sociedades occidentales, el domingo se ha convertido en el fin de semana, en tiempo libre. [...] Pero si el tiempo libre no tiene un centro interior, del que provenga la orientación para el conjunto, entonces se convierte en tiempo vacío, que no nos fortalece ni nos recrea» (Benedicto XVI, 9 de septiembre de 2007).

actividades

16. Elige la opción correcta para cada enunciado.

a El reposo del [...] en Israel recordaba el descanso de Dios al final de la Creación.
1 Domingo. **2** Lunes. **3** Sábado.

b Para los cristianos, el [...] es el día de la nueva Creación, inaugurada por la resurrección de Cristo.
1 Domingo. **2** Lunes. **3** Sábado.

c El domingo ha de observarse en toda la Iglesia como día de [...].
1 Trabajo. **2** Duelo. **3** Precepto.

17. Completa los siguientes enunciados.

a Los cristianos se reunían el primer día de la semana para [...].

b La Iglesia manda participar en la Eucaristía todos los domingos y [...].

18. CA Supón que un amigo te dice que él no va a Misa los domingos porque le estropea el fin de semana. Prefiere asistir cualquier otro día. No entiende esa norma de la Iglesia. Además dice que lo importante es asistir y no el día que se asista. ¿Con qué argumentos se podría rebatir esa postura?

fe y vida

En muchas ciudades y pueblos, en la fiesta del Corpus Christi, se celebran procesiones acompañando a Jesús sacramentado.

Santa Juliana de Lieja

Una de las principales fiestas del año litúrgico es el Corpus Christi. Quizá desconozcas el origen de esta celebración.

Dios decidió escoger a una chica de 16 años, llamada Juliana, para enviar un mensaje especial a la Iglesia: aunque, en realidad, la Eucaristía se adoraba todos los días, era necesario reservar un día determinado del año para venerar especialmente la presencia real de Jesús en el pan y el vino consagrados en la Santa Misa.

Esta joven —que más tarde pasó a la historia como santa Juliana de Lieja— se quedó huérfana a los 5 años. Unas monjas agustinas la criaron a ella y a su hermana Inés en su convento. Allí adquirió una profunda cultura clásica, y pronto destacó por su piedad y devoción a la Eucaristía.

A los 16 años tuvo una visión misteriosa que guardó en secreto en su corazón durante más de veinte años, antes de comunicarla a algunas de sus hermanas religiosas y descubrir su significado: Dios le estaba pidiendo que la Iglesia celebrara la fiesta del Corpus Christi. Mucho tuvieron que sufrir santa Juliana y sus compañeras; de hecho, Urbano IV (que la había conocido cuando aún no era papa) instauró la fiesta de Corpus Christi en toda la Iglesia nueve años después de la muerte de Juliana: en el año 1264.

Se encargó la tarea de escribir los textos de la Misa de este día al teólogo cristiano más famoso de la época: santo Tomás de Aquino, que escribió para la ocasión uno de los poemas más bellos dedicados a Jesús sacramentado: el *Adoro te devote*.

mejora tus competencias

1. CL CA El papa Benedicto XVI explicó la vida de santa Juliana en una audiencia general. Leed el resumen de su discurso y organizad un debate en clase con los temas que siguen.

- **a** ¿Por qué Dios escogió a una huérfana que luego fue monja para comunicar un mensaje tan crucial para la Iglesia de su tiempo, en vez de elegir a un gran orador o a un noble?
- **b** ¿Por qué Dios puso a prueba a santa Juliana?

2. Intenta reproducir en un dibujo la imagen que describe Benedicto XVI en su discurso.

3. CL CC Buscad en internet el *Adoro te devote*, de santo Tomás, y contestad a estas preguntas.

- **a** ¿Qué imágenes os han llamado más la atención en este poema?
- **b** ¿Por qué santo Tomás compara a Jesús con un pelícano?

fe y cultura

La Eucaristía y el arte

Los cristianos de todas las épocas siempre han tenido la certeza de que la Santa Misa es el misterio central de la religión católica. Por eso, no debe sorprendernos que desde el inicio del cristianismo los creyentes se hayan esforzado por enaltecer este misterio con todo su cariño y talento artístico.

El entierro del conde de Orgaz, del Greco. Siglo XVI.

En efecto, la lista de obras de arte cuyo tema central es el misterio de la Eucaristía es muy dilatada en todas las formas de expresión artística. Veamos algunos ejemplos.

La Misa de *Réquiem* de Mozart es admirada universalmente como una de las obras musicales más grandes de todos los tiempos. Es también una reflexión admirable sobre el misterio de nuestro paso a la otra vida. Mozart la compuso para servir como acompañamiento musical a una Misa de difuntos.

Por otra parte, también los más renombrados pintores han aplicado su talento en realizar retablos pensados para servir de marco pictórico a la Misa. Uno de los ejemplos más maravillosos es la pintura *El entierro del conde de Orgaz,* del Greco, que se puede contemplar en la iglesia de Santo Tomé, en Toledo.

Quizá el ejemplo de poesía eucarística más célebre sea el ya mencionado *Adoro te devote,* de santo Tomás de Aquino. Este poema resultó ganador en un concurso en el que el otro finalista fue san Buenaventura. Este, tras escuchar el himno compuesto por Tomás, se echó a llorar por su belleza y rompió el papel en el que había escrito su poema.

Todos estos artistas y obras de arte son ejemplos privilegiados del modo en que se han venido fundiendo dos realidades humanas distintas que se enriquecen la una a la otra: la fe y la cultura. En palabras de Juan Pablo II: «Una fe que no se hace cultura es una fe no plenamente asumida, no enteramente pensada, no fielmente vivida».

mejora tus competencias

4. CD CA Localizad en internet las siguientes obras de arte y formad tres grupos. Cada uno de ellos se ocupará de hacer el estudio y la exposición de una de ellas.

- El *Miserere,* de Allegri.
- El *Cristo,* de Velázquez.
- El poema *Nada te turbe,* de santa Teresa de Jesús.

La exposición debe constar de estas partes:

1. Breve descripción de la obra.
2. Breve biografía del artista y comentario de la época a la que pertenece.
3. Finalidad de las obras.
4. Elementos o características que tienen en común las tres creaciones.

5. CL CC Busca en internet un autor de arte religioso cristiano de cualquier época (que no se haya citado en esta página). Escribe un texto de unas diez líneas en el que expliques la importancia que la religión tuvo en su vida.

síntesis

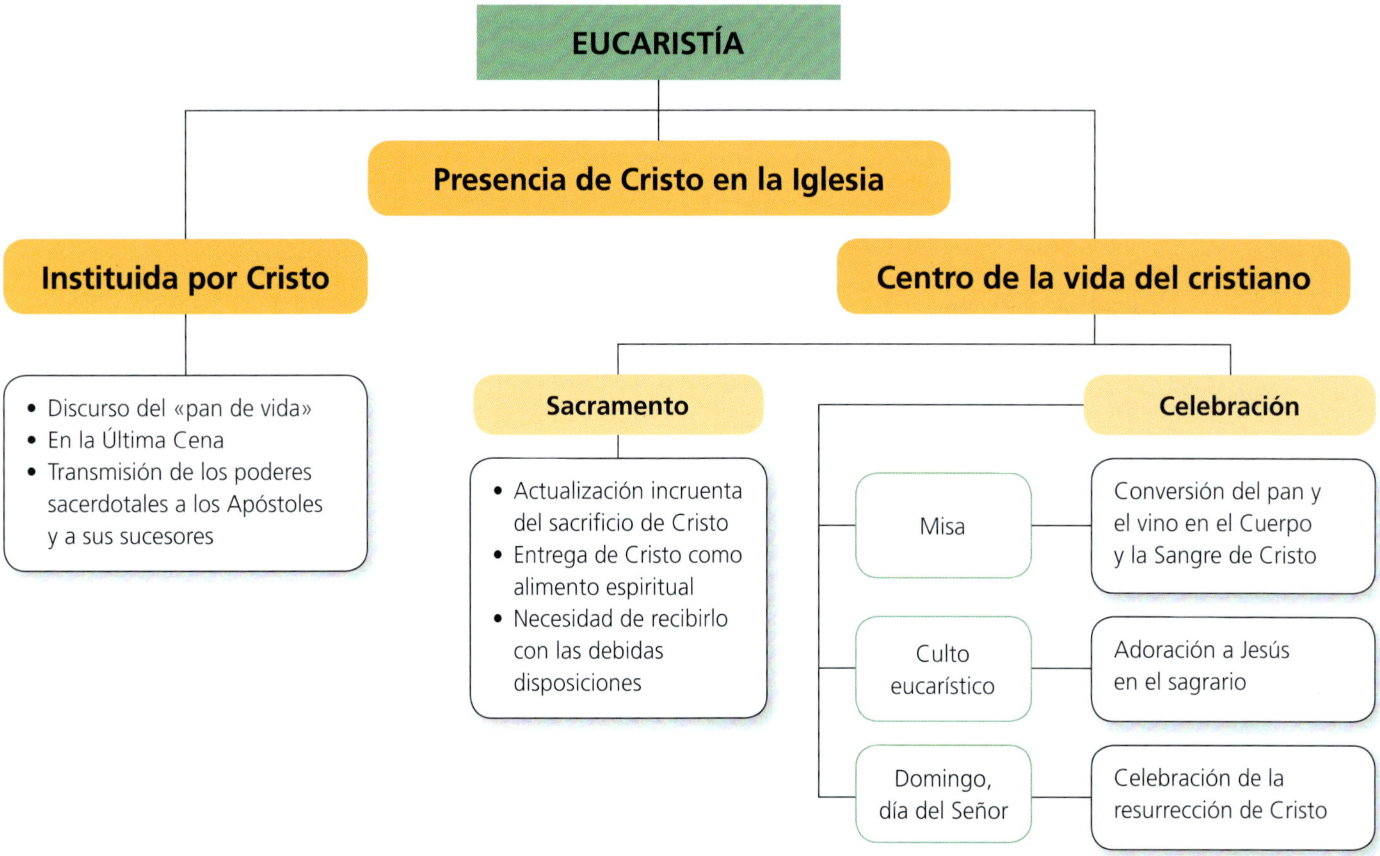

si me preguntan, qué respondo

¿Qué representa la Eucaristía en la vida de la Iglesia?

La Eucaristía es fuente y culminación de toda la vida cristiana. En ella alcanzan su cumbre la acción santificante de Dios sobre nosotros y nuestro culto a él. La Eucaristía contiene todo el bien espiritual de la Iglesia: el mismo Cristo (Compendio del CEC, n.º 274).

¿En qué sentido la Eucaristía es memorial del sacrificio de Cristo?

La Eucaristía es memorial del sacrificio de Cristo en el sentido de que hace presente y actual el sacrificio que Cristo ha ofrecido al Padre, una vez para siempre, sobre la cruz, en favor de la humanidad (Compendio del CEC, n.º 280).

¿Cómo está Jesucristo presente en la Eucaristía?

Jesucristo está presente en la Eucaristía de modo verdadero, real y sustancial: con su Cuerpo y con su Sangre, con su alma y su divinidad. Cristo, Dios y hombre, está presente en ella de manera sacramental, bajo las especies del pan y el vino (Compendio del CEC, n.º 282).

¿Qué significa la palabra *transustanciación?*

Es la conversión de toda la sustancia del pan en el Cuerpo de Cristo, y de toda la sustancia del vino en su Sangre. Esta conversión se opera en la consagración, por la acción del Espíritu Santo (Compendio del CEC, n.º 283).

¿Por qué la Eucaristía es el banquete pascual?

Porque Cristo nos entrega su Cuerpo y su Sangre, ofrecidos como comida y bebida, y nos une a él y entre nosotros en su sacrificio (Compendio del CEC, n.º 287).

aCtividadEs

1. CD Continúa la presentación de los sacramentos iniciada en la unidad anterior. Ahora debes ocuparte de la Eucaristía. Recuerda que has de hacer referencia, mediante imágenes y texto, a:
   - La escena evangélica de la institución del sacramento.
   - El signo sacramental.
   - Los efectos del sacramento.

2. CD Haz una presentación de una sola diapositiva, con imágenes y texto, para expresar la relación entre la Última Cena, el sacrificio del Calvario y la celebración de la Eucaristía.

3. CA Elabora una tabla en cuyas columnas aparezcan los cuatro relatos de la institución de la Eucaristía que recoge el Nuevo Testamento.

Mt 26, 26-29	Mc 14, 22-25	Lc 22, 19-20	1 Cor 11, 23-25

   a Escribe en un color distinto las palabras con las que Jesús consagra el pan y el vino.
   b Pon debajo de la tabla las palabras de la consagración en la Misa.
   c Redacta algunas conclusiones sobre lo que has hecho.

4. Piensa y contesta a esta pregunta: ¿por qué el sacerdote dice «esto es mi Cuerpo» y no «esto es el Cuerpo de Cristo»?

5. Escribe el verbo más adecuado, dirigido a Dios, sobre los fines de la Misa.
   a [...] por los pecados de toda la humanidad. **b** [...] por su infinita bondad. **c** [...] por las necesidades de toda la humanidad. **d** [...] por todos sus beneficios.

6. Lee este texto y responde a las preguntas.

   La Eucaristía no es un sacramento absolutamente necesario para la Salvación, como el Bautismo, pero para un cristiano adulto resulta indispensable. *Si no coméis la carne del Hijo del hombre y no bebéis su sangre, no tenéis vida en vosotros. El que come mi carne y bebe mi sangre tiene vida eterna, y yo lo resucitaré en el último día* (Jn 6, 53- 54). Por eso, la Iglesia aconseja comulgar con frecuencia, con las debidas disposiciones. Establece como precepto mínimo hacerlo una vez al año, en tiempo de Pascua.

   a ¿Cuál es la frecuencia mínima determinada por la Iglesia para recibir la comunión? ¿Cuál se aconseja? **b** ¿De qué depende un mayor o menor aprovechamiento personal de la comunión eucarística?

7. Completa estos enunciados con las palabras clave de la unidad.
   a La Última Cena fue un [...] de lo que pasaría en el Calvario. **b** La Eucaristía es [...] del sacrificio de Cristo. **c** La Eucaristía es una manera de [...] en el sacrificio de Cristo. **d** La Eucaristía es [...] pascual porque Cristo nos da su Cuerpo y su Sangre como alimento. **e** El momento culminante de la plegaria eucarística es la [...]. **f** El lugar donde se reserva la Eucaristía se llama [...].

8. CL Describe con palabras precisas en qué consiste el gesto de la genuflexión y explica su significado.

ANEXO 1

¿Cómo se cita la Biblia?

¿Qué es una cita bíblica?

Cada libro de la Biblia está dividido en capítulos y cada capítulo está dividido en versículos. El inicio de cada capítulo se señala con un número grande; el inicio de cada versículo se marca con un número pequeño y elevado sobre el texto.

Una cita bíblica es una combinación de letras, números y signos de puntuación que hace referencia a un pasaje bíblico determinado. Veamos un ejemplo de una cita sencilla.

1

Primero hemos de encontrar el **LIBRO** en el que se halla el pasaje que estamos buscando. En este caso, es la vocación de los primeros Apóstoles en el evangelio de san Marcos.

Para facilitar el trabajo, existe un sistema de abreviaturas. De esta forma, **Mc** es el evangelio de san Marcos.

4

El **GUION** indica los versículos que se quieren localizar. En nuestro caso, queremos encontrar los versículos 16 al 20. Por lo tanto, la referencia completa es: **Mc 1, 16-20.**

Marcos 1, 16-20

1[16] *Pasando junto al mar de Galilea, vio a Simón y a*
Andrés, hermano de Simón, echando las redes en el mar,
pues eran pescadores. [17] *Jesús les dijo: «Venid en pos de*
mí y os haré pescadores de hombres». [18] *Inmediatamente*
dejaron las redes y lo siguieron. [19] *Un poco más adelante*
vio a Santiago, el de Zebedeo, y a su hermano Juan, que
estaban en la barca repasando las redes. [20] *A continuación*
los llamó, dejaron a su padre Zebedeo en la barca con los
jornaleros y se marcharon en pos de él.

2

Cada libro está dividido en secciones a las que denominamos **CAPÍTULOS.**

La vocación de los Apóstoles se narra en el capítulo 1 de Marcos: **Mc 1.**

3

Los capítulos están divididos en **VERSÍCULOS.**

Cada versículo, dentro de un capítulo, tiene un número. El versículo se separa del capítulo por una coma. Después de la coma, el número indica siempre un versículo. Por ejemplo, **Mc 1, 20** se leería así: Marcos, capítulo uno, versículo veinte.

¿Cómo se localiza una cita bíblica?

Por ejemplo, para localizar **Gén 3, 4-6,** se busca primero el libro (Gén: Génesis), luego el capítulo (capítulo 3) y, finalmente, los versículos (versículos 4 al 6).

ELEMENTOS DE LAS CITAS	EJEMPLOS
Siglas del libro Abreviaturas de los nombres de los libros de la Biblia.	**Éx** Éxodo
Número de libro Cuando varios libros tienen el mismo título, se distinguen con un número que se escribe antes de la sigla del libro.	**2 Sam** Segundo libro de Samuel
Capítulos Partes en las que se dividen los libros. El número del capítulo se escribe después de la sigla del libro.	**Ez 1** Ezequiel, capítulo 1
Versículos Partes en las que se dividen los capítulos. El número del versículo se escribe después del número del capítulo, separándolo con una coma.	**Is 4, 3** Isaías, capítulo 4, versículo 3
Letras *a, b, c* Partes en las que se pueden dividir los versículos. Se escriben después de los números de los versículos.	**Gén 2, 4b** Génesis, capítulo 2, versículo 4, segunda parte
Letra *s* Significa «y siguientes».	**Sal 8, 5s** Salmos, capítulo 8, versículo 5 y siguientes, hasta terminar el capítulo
Coma Separa el capítulo del versículo.	**Lc 3, 1** Lucas, capítulo 3, versículo 1
Guion Indica qué versículos incluye la cita.	**Jn 13, 1-7** Juan, capítulo 13, versículo 1 al versículo 7
Punto Significa «y».	**Gén 3, 1.9** Génesis, capítulo 3, versículos 1 y 9
Punto y coma Separa una cita de otra.	**Mt 2, 4; Mc 1, 10; 12, 3** Mateo, capítulo 2, versículo 4; Marcos, capítulo 1, versículo 10 y capítulo 12, versículo 3

ANEXO 2

Abreviaturas

Abreviaturas

ABREVIATURAS DE LOS LIBROS DE LA BIBLIA

ANTIGUO TESTAMENTO

Pentateuco	
Génesis	Gén
Éxodo	Éx
Levítico	Lev
Números	Núm
Deuteronomio	Dt
Libros históricos	
Josué	Jos
Jueces	Jue
Rut	Rut
1 Samuel	1 Sam
2 Samuel	2 Sam
1 Reyes	1 Re
2 Reyes	2 Re
1 Crónicas	1 Crón
2 Crónicas	2 Crón
Esdras	Esd
Nehemías	Neh
Tobías	Tob
Judit	Jdt
Ester	Est
1 Macabeos	1 Mac
2 Macabeos	2 Mac
Libros sapienciales y poéticos	
Job	Job
Salmos	Sal
Proverbios	Prov
Eclesiastés (Qohélet)	Ecl
Cantar de los Cantares	Cant
Sabiduría	Sab
Eclesiástico (Sirácida)	Eclo

Libros proféticos	
Isaías	Is
Jeremías	Jer
Lamentaciones	Lam
Baruc	Bar
Ezequiel	Ez
Daniel	Dan
Oseas	Os
Joel	Jl
Amós	Am
Abdías	Abd
Jonás	Jon
Miqueas	Miq
Nahúm	Nah
Habacuc	Hab
Sofonías	Sof
Ageo	Ag
Zacarías	Zac
Malaquías	Mal

NUEVO TESTAMENTO

Evangelios	
Mateo	Mt
Marcos	Mc
Lucas	Lc
Juan	Jn
Hechos de los Apóstoles	Hch
Corpus paulino	
Romanos	Rom
1 Corintios	1 Cor
2 Corintios	2 Cor
Gálatas	Gál
Efesios	Ef
Filipenses	Flp
Colosenses	Col
1 Tesalonicenses	1 Tes
2 Tesalonicenses	2 Tes
1 Timoteo	1 Tim
2 Timoteo	2 Tim
Tito	Tit
Filemón	Flm
Hebreos	Heb

Cartas católicas	
Santiago	Sant
1 Pedro	1 Pe
2 Pedro	2 Pe
Cartas de san Juan	
1 Juan	1 Jn
2 Juan	2 Jn
3 Juan	3 Jn
Judas	Jds
Apocalipsis	Ap

ABREVIATURAS HABITUALES

- Catecismo de la Iglesia católica .... CEC
- Compendio del Catecismo de la Iglesia católica .... Compendio del CEC
- Compendio de la Doctrina Social de la Iglesia .... Compendio de la DSI
- n.º .... Número
- n.os .... Números

ANEXO 3

Vocabulario

A

ABSOLVER perdonar las culpas al penitente en el sacramento de la Penitencia.

ALIANZA pacto que Dios hizo con Noé y Abraham, y que luego renovó solemnemente con Moisés en el monte Sinaí.

ALMA lo que hace vivir; sustancia espiritual que, unida al cuerpo, da vida al ser humano.

AUTENTICIDAD un libro es *auténtico* cuando es igual al que escribió su autor, sin cambios ni variantes.

B

BIENAVENTURADO aquel que participa de la visión de Dios, de la filiación divina y de la felicidad eterna en el cielo.

BIENAVENTURANZA felicidad plena que Jesús dará a sus discípulos en el Reino de los cielos.

C

CANONIZACIÓN declaración que hace el Papa, como cabeza de la Iglesia, de que una persona ha vivido las virtudes en grado heroico y que está en el cielo. La propone como modelo e intercesora, y permite su culto de veneración, público y universal.

CARIDAD una de las tres virtudes teologales (junto con la fe y la esperanza), es decir, que Dios la infunde en el alma. Nos capacita para amar a Dios sobre todas las cosas y al prójimo como a uno mismo. Es el principal mandamiento de Jesús.

CATECUMENADO instrucción en la fe católica como preparación para recibir el Bautismo.

CIELO felicidad de los que ya gozan de Dios para siempre.

CONCIENCIA MORAL la misma razón humana cuando juzga sobre la bondad o malicia de los actos humanos.

CONVERSIÓN acto interior por el que, ayudados por la gracia, decidimos modificar nuestra vida y volvernos hacia Dios

CREADOR se dice principalmente de Dios, ya que solo él tiene el poder para crear, es decir, para hacer algo de la nada.

CRISMA mezcla de aceite y bálsamo bendecidos por el obispo, que se usa para algunos sacramentos, como la Confirmación y el Bautismo.

CRISTO término griego que significa 'ungido'. Se aplica a Jesucristo en cuanto Mesías Salvador.

D

DECÁLOGO resumen de los principales contenidos de la ley moral natural, inscrita por Dios en el alma de todos los hombres y que él quiso revelar para protegernos de la ceguera de nuestro propio corazón. La ley de Cristo lleva a su plenitud los mandamientos de la ley mosaica.

DEMONIO ángel que se reveló contra Dios negándose a servirlo. Arrastró a muchos otros ángeles con su ejemplo y ahora trata de perder a los hombres.

DIGNIDAD valor inherente al ser humano por el mismo hecho de serlo. Se deriva de dos realidades: a) su naturaleza racional y libre; y b) su vocación a vivir la vida de la gracia (por el Bautismo).

DOCTOR DE LA LEY (O ESCRIBA) guía espiritual de la comunidad judía que se encargaba de interpretar las Sagradas Escrituras.

DOGMA doctrina revelada que la Iglesia define como verdad de fe que tienen que creer todos los católicos.

DON bien natural o sobrenatural que el ser humano recibe de Dios.

E

ENCARNACIÓN hecho milagroso por el cual la segunda Persona de la Santísima Trinidad se hizo hombre en las entrañas de la Virgen María.

ESPÍRITU SANTO tercera Persona de la Santísima Trinidad, que es Dios como el Padre y el Hijo. Es abogado y santificador porque anima y santifica a la Iglesia, y nos da fortaleza para ser testigos de Cristo en el mundo.

ETERNO que no tiene principio ni fin.

EUCARISTÍA sacramento de la presencia real de Jesucristo. Esta presencia eucarística de Jesús se hace realidad en la celebración de la Santa Misa, que es la renovación del sacrificio de la cruz.

ÉXODO palabra hebrea que significa 'salida'. Es el nombre que recibe el libro de la Biblia que narra la salida de los judíos de Egipto.

F

FE aceptación voluntaria de la Revelación de Dios, tal como la propone la Iglesia.

G

GENUFLEXIÓN acción de doblar la rodilla, bajándola hasta el suelo, en señal de adoración.

GRACIA don sobrenatural infundido por Dios en el alma que nos hace hijos de Dios y herederos del cielo.

H

HAGIÓGRAFO para subrayar la idea de que el valor de la Biblia reside en que Dios es su autor, a veces se llama *hagiógrafos* a los autores humanos de cada uno de los libros que la componen. Se trata de una palabra griega compuesta por *hagios* ('santo', 'sagrado') y *grafos* ('escritor').

HIJO DE DIOS segunda Persona de la Santísima Trinidad que, mediante la acción del Espíritu Santo, se encarnó en el seno de la Virgen María.

HISTORIA DE LA SALVACIÓN desarrollo de las relaciones de Dios con los hombres y de estos con Dios, según se narra en la Biblia. Su cumbre es Jesucristo.

HISTORICIDAD un libro es *histórico* cuando sabemos quién fue su autor y la fecha aproximada en que se escribió.

I

IDOLATRÍA reverencia o adoración a alguien o a algo con el culto que solo se debe a Dios.

IGLESIA Pueblo de Dios que, con Jesucristo resucitado y guiado por el Espíritu Santo, camina hacia Dios Padre.

INFIERNO condenación eterna de aquellos que mueren, por libre elección, en pecado mortal.

INSPIRACIÓN influjo sobrenatural por el cual Dios ilumina el entendimiento del autor sagrado y mueve su voluntad para que escriba la verdad que el mismo Dios quiere transmitir. Por eso, el autor principal de la Biblia es Dios.

J

JESÚS palabra hebrea que significa 'Salvador'.

JUICIO FINAL sentencia de premio o castigo que Jesús emitirá para cada ser humano ante el resto de la humanidad.

JUICIO PARTICULAR retribución ante Jesucristo que cada ser humano experimenta inmediatamente después de su muerte.

L

LEY DE CRISTO conjunto de mandamientos evangélicos de Jesús que confirman y perfeccionan la ley mosaica.

LEY MOSAICA conjunto de preceptos morales revelados por Dios a Moisés para el pueblo de Israel.

LEY NATURAL ordenación de las tendencias y facultades del ser humano hacia sus propios bienes y, de estos, al bien último del hombre.

LIBERTAD capacidad que tiene el ser humano para obrar de una manera u otra por sí mismo.

LIBERTAD MORAL autodominio gracias al cual la persona es dueña de sus actos. Hablamos de libertad moral cuando este autodominio se dirige a la adquisición del bien humano.

LIBERTAD RELIGIOSA derecho a dar culto a Dios, según las propias convicciones.

M

MAGIA especie de ciencia oculta y misteriosa que pretende realizar fenómenos extraordinarios.

MAGISTERIO DE LA IGLESIA conjunto de enseñanzas de los Apóstoles y de sus sucesores, el Papa y los obispos, al ejercer la misión de enseñar que les ha confiado Jesucristo.

MILAGRO hecho sobrenatural que no explica la razón ni la ciencia, y que encuentra su causa en una intervención divina.

MINISTERIO función o servicio que se da en la Iglesia; es una forma de servir, no un medio para el enaltecimiento personal de alguien.

MISTERIO en el lenguaje teológico, es toda realidad espiritual que supera el ámbito de la experiencia sensible y que no puede entenderse solo con la razón.

MITO narración situada fuera del tiempo histórico y protagonizada por personajes de carácter divino o heroico que trata de explicar el origen del mundo y la relación de la divinidad con los hombres.

MONOTEÍSMO doctrina que solo reconoce un Dios.

MORAL ciencia que estudia la acción humana y orienta sobre su bondad o malicia.

N

NUEVO TESTAMENTO conjunto de libros inspirados por Dios que recogen los hechos y las palabras de Jesús, así como algunos escritos de los Apóstoles y otros varones apostólicos.

O

OBISPO sucesor de los Apóstoles que, en comunión con el Papa, anuncia el Evangelio y guía al Pueblo de Dios.

ORACIÓN elevación del alma a Dios o petición a Dios de bienes convenientes.

P

PAPA Obispo de Roma y sucesor del apóstol san Pedro, a quien Jesucristo otorgó la suprema autoridad sobre la Iglesia.

PARÁBOLA relato sobre sucesos de la vida cotidiana que encierra una enseñanza profunda y espiritual.

PARÁCLITO esta palabra significa 'abogado' o 'defensor'. Jesús dio este nombre al Espíritu Santo que iba a enviar a su Iglesia el día de Pentecostés. El Espíritu Santo es la segunda Persona de la Santísima Trinidad: es Dios como el Padre y el Hijo.

PASCUA fiesta judía en la que se celebra el fin de la esclavitud en Egipto. En la Pascua cristiana celebramos con júbilo la Resurrección de Jesucristo.

PATRIARCA nombre que reciben algunos personajes del Antiguo Testamento, que fueron padres y jefes de una descendencia importante para la historia de la Salvación.

PECADO palabra, acto o deseo contrario a la ley de Dios. En cuanto a su gravedad, se distingue entre pecado mortal y pecado venial.

PECADO ORIGINAL aquel con el que todos nacemos, heredado de nuestros primeros padres.

PENTECOSTÉS etimológicamente esta palabra significa 'cincuenta'. Es la fiesta que celebran los judíos cincuenta días después de la Pascua. En ese día, Dios Padre y Dios Hijo enviaron al Espíritu Santo sobre la Iglesia.

PERSONA sujeto a quien se atribuyen el ser y el actuar (por ejemplo, Mateo trabaja, Dios Padre ha creado el mundo, Dios Hijo nos ha redimido o el Espíritu Santo nos santifica).

PROFECÍA predicción de acontecimientos futuros hecha gracias a un don de Dios.

R

REDENCIÓN acción llevada a cabo por Jesucristo mediante su muerte y resurrección para liberar al hombre del pecado original.

RESURRECCIÓN vuelta a la vida de alguien que ha muerto. Acción mediante la cual Jesucristo volvió a la vida por su propio poder después de su muerte en la cruz.

REVELACIÓN manifestación que hace Dios, mediante signos y palabras, de algunas verdades que el hombre no puede conocer o que conoce con dificultad.

RITO signo visible (como gestos o palabras) que forma parte de una ceremonia.

S

SACRAMENTO signo sensible y eficaz de la gracia, instituido por Cristo y confiado a la Iglesia para comunicar la gracia divina.

SACRIFICIO ofrenda que se hace a una deidad en señal de homenaje, de adoración o para purificar las culpas e imperfecciones.

SAGRADA ESCRITURA libro que contiene la Revelación de Dios, que unos hombres han puesto por escrito bajo la inspiración del Espíritu Santo; por eso su autor es Dios.

SANTIDAD condición que guardan los hijos de Dios en virtud de la acción sobrenatural del Espíritu Santo en sus corazones.

SEÑOR término que traduce la palabra aramea *Adonai,* nombre aplicado a Dios. Por eso, cuando se denomina *Señor* a Jesús, se afirma que es Dios.

SINÓPTICO se aplica a los evangelios de Mateo, Marcos y Lucas. Se califican de este modo porque relatan los hechos de la vida del Señor siguiendo un esquema muy parecido *(esquema = sinopsis).*

T

TABERNÁCULO O SAGRARIO lugar del templo donde se guarda a Jesús sacramentado.

TENTAR instigar a hacer algo malo que supone una ofensa a Dios.

TIERRA PROMETIDA la que Dios prometió a Abraham y a su descendencia, llamada también tierra de Canaán y, más tarde, Palestina. En ella nació Jesús, el Salvador.

TRADICIÓN APOSTÓLICA transmisión del mensaje de Cristo llevada a cabo, desde los comienzos del cristianismo, por la predicación, el testimonio, las instituciones, el culto y los escritos inspirados. Se realiza de dos modos: con la transmisión viva de la Palabra de Dios (llamada simplemente Tradición) y con la Sagrada Escritura.

TRASCENDENTE que está más allá de los límites de lo material.

TRASCENDER superar o estar más allá de los límites de un ámbito concreto. Dios trasciende, es decir, rebasa, está más allá del universo que él mismo ha creado.

U

UNGIR marcar con aceite a alguien como signo de dignidad. En Israel se ungía a reyes, profetas y sacerdotes para indicar que el Espíritu de Dios estaba con ellos.

V

VERACIDAD un libro es *veraz* cuando sus autores cuentan la verdad de lo que conocieron.

VIRTUD disposición habitual y firme para hacer el bien y evitar el mal.

VOCACIÓN inclinación natural, o estado, profesión o carrera. La vocación de todo ser humano en cuanto que ha sido creado por Dios es la santidad. Se entiende como vocación específica aquella inspiración con la que Dios llama a algún estado (por ejemplo, al matrimonio o al de religión).

Editorial Casals, fundada en 1870

Libro aprobado por la Comisión Episcopal de Enseñanza y Catequesis el 24 de junio de 2015.

Libro adaptado a la Resolución de 11 de febrero de 2015, por la que se publica el currículo de la enseñanza de Religión Católica de la Educación Primaria y de la Educación Secundaria Obligatoria.

Las actividades de este libro se proponen como modelos de ejercicios que cada alumno debe resolver en su libreta o cuaderno. En ningún caso debe realizarlas en el propio libro.

Este libro tiene una versión digital en ecasals.net, cuyo ISBN es 978-84-218-5944-5.

Coordinación editorial: M. Sáez y N. Billotti
Diseño de cubierta: M. Puig
Diseño interior: Bassa i Trias
Maquetación: Nabucodonosor (Alfredo Casado Manso)
Fotografía: Álbum, Getty Images, Thinkstock, Wikimedia Commons (© *San José y el Niño,* de Joanbanjo).
Revisión lingüística: M. T. Ramírez y M. J. Rueda Bernao
Colaboradores: E. Martín, M. Roig y P. Zarrabeitia
Asesor pedagógico: P. de la Herrán

Casp 79, 08013 Barcelona
Tel.: 902 107 007 Fax: 93 265 68 95
editorialcasals.com
ecasals.net

Sexta edición: marzo de 2017
ISBN: 978-84-218-6038-0
Depósito legal: B-1083-2015
Printed in Spain
Impreso en Índice, S. L.